Andreas Schmiedt

Forderungsmanagement durch Inkassounternehmen und Erstattungsfähigkeit von Inkassokosten

Diplomica® Verlag GmbH

Schmiedt, Andreas: Forderungsmanagement durch Inkassounternehmen und Erstattungsfähigkeit von Inkassokosten, Hamburg, Diplomica Verlag GmbH 2008

ISBN: 978-3-8366-6899-6
Druck Diplomica® Verlag GmbH, Hamburg, 2008

Bibliografische Information der Deutschen Bibliothek
Die Deutsche Bibliothek verzeichnet diese Publikation in der Deutschen Nationalbibliografie;
detaillierte bibliografische Daten sind im Internet über
<http://dnb.ddb.de> abrufbar.

Dieses Werk ist urheberrechtlich geschützt. Die dadurch begründeten Rechte, insbesondere die der Übersetzung, des Nachdrucks, des Vortrags, der Entnahme von Abbildungen und Tabellen, der Funksendung, der Mikroverfilmung oder der Vervielfältigung auf anderen Wegen und der Speicherung in Datenverarbeitungsanlagen, bleiben, auch bei nur auszugsweiser Verwertung, vorbehalten. Eine Vervielfältigung dieses Werkes oder von Teilen dieses Werkes ist auch im Einzelfall nur in den Grenzen der gesetzlichen Bestimmungen des Urheberrechtsgesetzes der Bundesrepublik Deutschland in der jeweils geltenden Fassung zulässig. Sie ist grundsätzlich vergütungspflichtig. Zuwiderhandlungen unterliegen den Strafbestimmungen des Urheberrechtes.

Die Wiedergabe von Gebrauchsnamen, Handelsnamen, Warenbezeichnungen usw. in diesem Werk berechtigt auch ohne besondere Kennzeichnung nicht zu der Annahme, dass solche Namen im Sinne der Warenzeichen- und Markenschutz-Gesetzgebung als frei zu betrachten wären und daher von jedermann benutzt werden dürften.

Die Informationen in diesem Werk wurden mit Sorgfalt erarbeitet. Dennoch können Fehler nicht vollständig ausgeschlossen werden und der Verlag, die Autoren oder Übersetzer übernehmen keine juristische Verantwortung oder irgendeine Haftung für evtl. verbliebene fehlerhafte Angaben und deren Folgen.

© Diplomica Verlag GmbH
http://www.diplomica.de, Hamburg 2008
Printed in Germany

Inhaltsverzeichnis

INHALTSVERZEICHNIS I

ABBILDUNGSVERZEICHNIS VI

TABELLENVERZEICHNIS VII

ABKÜRZUNGSVERZEICHNIS VIII

1   EINFÜHRUNG 1
   1.1   Problemstellung und Ziel des Buches 1
   1.2   Vorgehensweise und Struktur der Untersuchung 1
   1.3   Definitionen und Begriffsabgrenzungen 2
       1.3.1   Factoring 2
       1.3.2   Forderung 3
       1.3.3   Inkassokosten 3
       1.3.4   Inkassozession 3

2   FORDERUNGSMANAGEMENT 4
   2.1   Wirtschaftlicher Hintergrund des Forderungsmanagements in Deutschland 4
       2.1.1   Insolvenzen in Deutschland 4
       2.1.2   Wirtschaftliche Bedeutung des Forderungsmanagements 5
       2.1.2.1   Bedeutung des Forderungsmanagements für das einzelne Unternehmen 5
       2.1.2.2   Bedeutung des Forderungsmanagements im internationalen Vergleich 6
   2.2   Entscheidung zwischen Forderungseinzug durch einen Rechtsanwalt, ein Inkassounternehmen oder eine eigene Mahn- und Inkassoabteilung 8
   2.3   Zwischenfazit 10

3   RECHTSANWALT IM FORDERUNGSMANAGEMENT 11
   3.1   Rechtsanwalt – berufliche Stellung und Tätigkeitsspektrum 11
       3.1.1   Berufliche Stellung des Rechtsanwaltes 11
       3.1.2   Tätigkeitsspektrum und Organisation des Rechtsanwaltes ... 11
   3.2   Besonderheiten des Rechtsanwaltes mit Spezialisierung auf Forderungsbeitreibung 13

3.2.1	Organisatorische Besonderheiten des Rechtsanwaltes mit Spezialisierung auf Forderungsbeitreibung	13
3.2.2	Der Rechtsanwalt im Wettbewerb mit Inkassounternehmen	13
3.2.3	Rechtsanwalt mit Zulassung als Inkassounternehmer	14
3.3	**Rechtsanwalt in der Zusammenarbeit mit Inkassounternehmen**	**16**
3.3.1	Rechtsanwalt als Angestellter eines Inkassounternehmens	16
3.3.2	Rechtsanwalt in der Sozietät mit einem Inkassounternehmer	16
3.3.3	Rechtsanwalt in der Kooperation mit einem Inkassounternehmen	17
3.3.4	Rechtsanwalt von Inkassounternehmen beauftragt für gerichtliche Maßnahmen bei außergerichtlich uneinbringlichen Forderungen	18
3.4	**Zwischenfazit**	**18**
4	**INKASSOUNTERNEHMEN**	**19**
4.1	**Inkassobranche in Deutschland**	**19**
4.1.1	Wirtschaftliche Bedeutung der Inkassounternehmen in Deutschland	19
4.1.2	Historische Betrachtung der Inkassounternehmen	19
4.1.3	Entwicklung und Zahl der Inkassounternehmen in Deutschland	20
4.1.4	Unternehmensformen von Inkassounternehmen in Deutschland	21
4.1.5	Beschäftigtenzahlen von Inkassounternehmen in Deutschland	22
4.2	**Rechtliche Grundlage von Inkassounternehmen**	**22**
4.2.1	Aufgaben und Kompetenzen von Inkassounternehmen nach dem Rechtsberatungsgesetz	23
4.2.2	Zulassung von Inkassounternehmen	23
4.2.2.1	Voraussetzungen der Zulassung von Inkassounternehmen	24
4.2.2.1.1	Alter	24
4.2.2.1.2	Zuverlässigkeit und persönliche Eignung	24
4.2.2.1.3	Sachkunde und Ausbildungsgang	25
4.2.2.1.4	Bedürfnis	26
4.2.2.1.5	Haftpflichtversicherung	26
4.2.2.2	Verfahren der Zulassung von Inkassounternehmen	27
4.2.3	Aufsicht über Inkassounternehmen	27
4.2.3.1	Organe der Aufsichtsführung	28
4.2.3.2	Möglichkeiten der Aufsichtsführung	28
4.3	**Erlaubnisfreie Inkassotätigkeit**	**29**
4.3.1	Erlaubnisfreie Inkassotätigkeit durch Behörden und Körperschaften des öffentlichen Rechts	29
4.3.2	Erlaubnisfreie Inkassotätigkeit durch kaufmännische und gewerbliche Unternehmen	29
4.3.3	Erlaubnisfreie Inkassotätigkeit durch Angestellte	29

4.4		**Struktur der Inkassounternehmungen**	**30**
	4.4.1	Wirtschaftlich selbstständige Inkassounternehmen	30
	4.4.2	Zu einem Konzern gehörende Inkassounternehmen	30
	4.4.2.1	Wirtschaftliche Betrachtung von zu einem Konzern gehörender Inkassounternehmen	30
	4.4.2.2	Rechtliche Betrachtung von zu einem Konzern gehörender Inkassounternehmen	31
4.5		**Organisationen von Inkassounternehmen**	**32**
	4.5.1	Bundesverband Deutscher Inkasso-Unternehmen e.V.	32
	4.5.1.1	Zweck des Bundesverbandes Deutscher Inkasso-Unternehmen e.V.	32
	4.5.1.2	Aufgaben des Bundesverbandes Deutscher Inkasso-Unternehmen e.V.	32
	4.5.1.3	Mitgliederzahl des Bundesverbandes Deutscher Inkasso-Unternehmen e.V.	34
	4.5.2	Bundesverband Deutscher Rechtsbeistände / Rechtsdienstleister e.V.	34
	4.5.2.1	Zweck des Bundesverbandes Deutscher Rechtsbeistände / Rechtsdienstleister e.V.	35
	4.5.2.2	Aufgaben des Bundesverbandes Deutscher Rechtsbeistände / Rechtsdienstleister e.V.	35
	4.5.3	Federation of European Collection Associations	36
	4.5.3.1	Mitglieder der Federation of European Collection Associations	36
	4.5.4	European Collectors Association	37
4.6		**Tätigkeiten der Inkassounternehmen**	**38**
	4.6.1	Überwachung von Zahlungseingängen	38
	4.6.2	Einzug nicht-titulierter Forderungen	39
	4.6.3	Titulierung – gerichtliche Geltendmachung von Forderungen	40
	4.6.4	Einzug titulierter Forderungen	41
	4.6.5	Überwachung titulierter zeitweilig uneinbringlicher Forderungen	41
	4.6.6	Ankauf von Forderungen	41
4.7		**Beziehungsdreieck – Inkassounternehmen, Gläubiger und Schuldner**	**42**
	4.7.1	Innenverhältnis - Vertragsverhältnis zwischen Gläubiger und Inkassounternehmen	43
	4.7.2	Außenverhältnis - Verhältnis des Inkassounternehmens zum Schuldner	44
4.8		**Wirtschaftlichkeitsbetrachtung der Funktionsübertragung des Forderungseinzugs an Inkassounternehmen**	**45**
	4.8.1	Transaktionskosten der Funktionsübertragung des Forderungseinzugs an Inkassounternehmen	47
	4.8.2	Vergütung von Inkassounternehmen	48
	4.8.2.1	Vergütung der Inkassounternehmen in Anlehnung an die Allgemeine Verfügung des Reichsjustizministeriums vom 24.10.1941	49

	4.8.2.2	Vergütung der Inkassounternehmen in Anlehnung an die Rechtsanwaltsgebühren 50
	4.8.2.3	Vergütung der Inkassounternehmen bei Inanspruchnahme eines Rechtsanwalts zur gerichtlichen Geltendmachung von Forderungen........ 50
	4.8.3	Effizienz von Inkassounternehmen 51
4.9		**Image von Inkassounternehmen 54**
4.10		**Zwischenfazit 55**

5 ERSTATTUNGSFÄHIGKEIT VON INKASSOKOSTEN 57

5.1 Bedeutung der Erstattungsfähigkeit von Inkassokosten 57

5.2 Grundsätze der Erstattungsfähigkeit von Inkassokosten 57

    5.2.1 Grundsatz der Erstattungsfähigkeit von Rechtsverfolgungskosten 57

    5.2.2 Grundsatz der Obergrenze der Erstattungsfähigkeit von Inkassokosten 58

5.3 Erstattungsfähigkeit von Inkassokosten als Erfolgsprovision 59

5.4 Erstattungsfähigkeit von Inkassokosten im gerichtlichen Mahnverfahren 61

5.5 Erstattungsfähigkeit von Inkassokosten in Abhängigkeit der Natur des Geschäftsherrn 62

    5.5.1 Erstattungsfähigkeit von Inkassokosten für Unternehmen 62

        5.5.1.1 Erstattungsfähigkeit von innerbetrieblichen Inkassokosten 62

        5.5.1.2 Erstattungsfähigkeit von Inkassokosten von zum Konzern gehörender ausgegliederter Inkassounternehmen 63

        5.5.1.3 Erstattungsfähigkeit von Inkassokosten bei der Beauftragung von wirtschaftlich nicht verbundenen Inkassounternehmen 64

    5.5.2 Erstattungsfähigkeit von Inkassokosten bei Beauftragung durch Verbraucher 65

5.6 Erstattungsfähigkeit von Inkassokosten in Abhängigkeit des zu erwartenden Erfolges der Beauftragung eines Inkassounternehmens 65

5.7 Zwischenfazit 68

6 SCHLUSSBETRACHTUNG 70

6.1 Ausblick 70

    6.1.1 Tendenzen in der Rechtsprechung 70

    6.1.2 Entwicklungen durch Gesetzesänderungen 70

        6.1.2.1 Gesetz zur Neuregelung des Rechtsberatungsrechts 70

            6.1.2.1.1 Rechtliche Grundlage und Zulassung von Inkassounternehmen 71

            6.1.2.1.2 Erlaubter Tätigkeitsbereich von Inkassounternehmen 71

	6.1.2.1.3	Vergütung von Inkassounternehmen	71
	6.1.2.1.4	Erstattungsfähigkeit von Inkassokosten	72
	6.1.2.2	Gerichtsvollzieherwesen	72
6.2		**Zusammenfassung**	**73**

LITERATURVERZEICHNIS 75

Abbildungsverzeichnis

Abbildung 1: Insolvenzen in Deutschland von 1950 bis 2006 4

Abbildung 2: Inkasso-Indikator ausgewählter Staaten im Vergleich 7

Abbildung 3: Zugelassene Inkassounternehmen in Deutschland von 1991 bis 2006 ...20

Abbildung 4: Beispiel eines Inkassoablaufs mit Einsatz von
Außendienstmitarbeitern 38

Abbildung 5: Beziehungsdreieck - Inkassounternehmen, Gläubiger und Schuldner 42

Abbildung 6: Kettenbeziehung - Gläubiger, Inkassounternehmen und Schuldner bei
Vollabtretung 43

Abbildung 7: Wertmäßige Erfolgsquote 54

Abbildung 8: Stückorientierte Erfolgsquote 54

Tabellenverzeichnis

Tabelle 1: Faktoren für eine Entscheidung zwischen Rechtsanwalt,
Inkassounternehmen und interne Mahn- und Inkassoabteilung............................. 9

Tabelle 2: Mitgliederentwicklung des BDIU 34

Tabelle 3: Vergleich: Hierarchielösung des Forderungseinzugs -
Funktionsübertragung des Forderungseinzugs an ein Inkassounternehmen 46

Tabelle 4: Effizienz der Inkassounternehmen 52

Abkürzungsverzeichnis

Abkürzung	Volltext
Abs.	Absatz
Absatz-Nr.	Absatznummer
AGB	Allgemeine Geschäftsbedingungen
AktG	Aktiengesetz
Anl.	Anlage
Art.	Artikel
BB	Betriebs Berater
BDIU	Bundesverband Deutscher Inkasso-Unternehmen e.V.
BDR	Bundesverband Deutscher Rechtsbeistände/Rechtsdienstleister e.V.
BerufsO	Berufsordnung
BGB	Bürgerliches Gesetzbuch
BGH	Bundesgerichtshof
BRAO	Bundesrechtsanwaltsordnung
BR	Bundesrat (bei Drucksachen)
BT	Bundestag (bei Drucksachen)
BVerfG	Bundesverfassungsgericht
BVerwG	Bundesverwaltungsgericht
bzw.	beziehungsweise
RDGEG	Einführungsgesetz zum Rechtsdienstleistungsgesetz
de	Deutschland (Top Level Domain)
ECA	European Collectors Association
EuGH	Gerichtshof der Europäischen Gemeinschaften
EWR	Europäischer Wirtschaftsraum
e.V.	eingetragener Verein
f.	folgende
FENCA	Federation of European Collection Associations
ff.	fortfolgende
GG	Grundgesetz
hrsg.	herausgegeben
http	hyper text transfer protocol
JZ	Juristenzeitung
Kaufm	Kaufmann
KonTraG	Gesetz zur Kontrolle und Transparenz im Unternehmensbereich
LG	Landgericht

Abkürzung	Volltext
NJW	Neue Juristische Wochenschrift
OLG	Oberlandesgericht
OLGZ	Entscheidungen der Oberlandesgerichte in Zivilsachen
Rbeistand	Rechtsbeistand
RBerG	Rechtsberatungsgesetz
RBerGAV	Verordnung zur Ausführung des Rechtsberatungsgesetzes
RdNr.	Randnummer
RM	Reichsmark
RVG	Rechtsanwaltsvergütungsgesetz
StGB	Strafgesetzbuch
u.a.	und anderen
USA	United States of America
VwVfG	Verwaltungsverfahrensgesetz
Vgl.	vergleiche
www	world wide web
ZIP	Zeitschrift für Wirtschaftsrecht
ZRP	Zeitschrift für Rechtspolitik

1 Einführung

1.1 Problemstellung und Ziel des Buches

Forderungsmanagement hat heute für Unternehmen eine immer größere Bedeutung. Inkassounternehmen spielen dabei eine wichtige Rolle im deutschen Wirtschaftssystem. Jedes Unternehmen steht vor der Frage wie es seine Forderungen beitreiben soll, wenn der Kunde nicht auf eine Rechnung hin bezahlt und die Beauftragung eines Inkassounternehmens ist dabei eine mögliche Option. Die Fragen nach den Hintergründen, rechtlicher und wirtschaftlicher Natur, der Inkassounternehmen und deren Beauftragung, sowie die Erstattungsfähigkeit der dabei anfallenden Inkassokosten sind dabei die zentralen Themen dieses Buches.

Diese Studie stellt Inkassounternehmen aus verschiedenen Perspektiven und die wichtigsten Aspekte der Inkassobranche in Deutschland und des einzelnen Inkassounternehmens umfassend dar. Hierzu zählt die Einordnung der Inkassounternehmen in das Forderungsmanagement. Sodann wird der Rechtsanwalt als Mitbewerber zum Inkassounternehmen, sowie deren mögliche Zusammenarbeit aufgezeigt. Abschließend wird die voraussichtliche Entwicklung durch die Gesetzgebung diskutiert.

1.2 Vorgehensweise und Struktur der Untersuchung

Im Folgenden wird in diesem Buch nach einem einführenden Kapitel zuerst das Forderungsmanagement untersucht. Dazu werden die wirtschaftlichen Hintergründe des Forderungsmanagements beschrieben, um die Bedeutung eines effizienten Forderungsmanagements darzulegen. Um die Herausforderungen zu bewältigen, haben Unternehmen die Wahl zwischen einer internen Lösung, der Beauftragung eines Rechtsanwaltes und der Einschaltung eines Inkassounternehmens.

Da der Rechtsanwalt nicht nur eine Alternative zum Inkassounternehmen darstellt, sondern auch eine Zusammenarbeit beider Parteien zwingend notwendig ist, wenn die Bemühungen eines Inkassounternehmens außergerichtlich nicht zum Erfolg führen, werden die Besonderheiten des Rechtsanwaltes im Forderungsmanagement und die verschiedenen denkbaren Formen der Zusammenarbeit mit Inkassounternehmen aufgezeigt.

Im nächsten Kapitel werden Inkassounternehmen umfassend dargestellt, wobei die Schwerpunkte auf den rechtlichen Grundlagen und einer Wirtschaftlichkeitsbetrachtung der Beauftragung von Inkassounternehmen liegen.

Anschließend wird die Erstattungsfähigkeit von Inkassokosten, aufgrund ihrer Bedeutung für die Frage, ob ein Inkassounternehmen von einem Gläubiger beauftragt wird und damit auch für die Existenz der Inkassounternehmen, kritisch diskutiert.

Abschließend erfolgt ein Ausblick insbesondere auf das zukünftige Rechtsdienstleistungsgesetz und eine Zusammenfassung der Inhalte dieses Buches.

Die untersuchten Komplexe werden dabei theoretisch aus juristischer und betriebswirtschaftlicher Sicht angegangen und geben auch Hilfestellung bei einer praktischen Beurteilung verschiedener Fragestellungen.

Grundlage dieser Studie sind dabei quantitative Untersuchungen von Behörden und Verbänden, Literatur in Form von Büchern und Zeitschriftenartikeln, sowie verschiedene weitere Quellen, wie beispielsweise Lexika, Drucksachen von Behörden und Verbänden sowie aktuelle Internetinformationen. Vor allem zur Berücksichtigung der juristischen Sachverhalte wurden hauptsächlich Kommentare und Gerichtsentscheidungen kritisch untersucht.

1.3 Definitionen und Begriffsabgrenzungen

1.3.1 Factoring

Factoring bezeichnet den Handel mit Forderungen. Unterschieden wird zwischen echtem und unechtem Factoring. Beim echten Factoring übernimmt der neue Gläubiger, der sogenannte Factor, das wirtschaftliche Risiko des

Forderungsausfalls, das Delkredererisiko. Beim unechten Factoring bleibt das Delkredererisiko beim ursprünglichen Gläubiger.[1]

1.3.2 Forderung

Allgemein beschreibt Forderung einen sich aus Gesetz oder Vertrag, ergebenden Anspruch eines Gläubigers gegen einen Schuldner.[2] In dieser wissenschaftlichen Untersuchung sind mit Forderung, ausschließlich Geldforderungen gemeint, da Inkassounternehmen nur diese einziehen.

1.3.3 Inkassokosten

Inkassokosten beschreiben in diesem Buch grundsätzlich die Vergütung für ein Inkassounternehmen. Dies entspricht der Verwendung in der Literatur. Der Begriff beschreibt nicht die tatsächlich anfallenden Kosten für das Inkasso, zu dem auch die Transaktionskosten zu zählen wären.

1.3.4 Inkassozession

Inkassozession bedeutet die Forderungsabtretung eines bisherigen Gläubigers, dem Zedenten, an ein Inkassounternehmen, dem Zessionar. Rechtliche Grundlage sind die §§ 398ff. BGB. Durch die Abtretung erlangt das Inkassounternehmen alle Rechte aus der Forderung und kann diese gegenüber dem Schuldner geltend machen.[3]

Zu unterscheiden sind die treuhänderische Zession, auch fiduziarische Zession genannt, und die Vollabtretung. Bei der treuhänderischen Zession wird das Inkassounternehmen in eigenem Namen, aber für fremde Rechnung tätig. Dabei ist das Inkassounternehmen zwar der rechtliche Forderungsinhaber, wirtschaftlicher Inhaber bleibt jedoch der Zedent. Bei der Vollabtretung handelt es sich um die Abtretung einer Forderung mit Übergang des rechtlichen und auch wirtschaftlichen Risikos an den Zessionar, auch Forderungskauf genannt.[4]

---

[1] Vgl. Lexexakt.de, online: Factoring, http://www.lexexakt.de/glossar/factoring.php, 24.03.2007
[2] Vgl. Lexexakt.de, online: Forderung, http://www.lexexakt.de/glossar/forderung.php, 24.03.2007
[3] Vgl. Gabler Lexikon Recht in der Wirtschaft, Winter, E. (Hrsg.), Wiesbaden 1998, S.377
[4] Vgl. Rudolff, T.: Ausgewählte Rechtsfragen der Inkassounternehmen, Frankfurt am Main 1997, S.23ff.

2 Forderungsmanagement

2.1 Wirtschaftlicher Hintergrund des Forderungsmanagements in Deutschland

Der wirtschaftliche Hintergrund des Forderungsmanagements wird im folgenden anhand von zwei Kriterien untersucht. Der Entwicklung der Insolvenzen und der wirtschaftlichen Bedeutung des Forderungsmanagements für das einzelne Unternehmen und im internationalen Vergleich.

2.1.1 Insolvenzen in Deutschland

Insolvenzen sind ein Abbild der gesamtwirtschaftlichen Situation in einem Wirtschaftsraum und bedeuten in der Regel zugleich das Ende für eine Forderungsbeitreibung. Deshalb ist es notwendig seine Forderungen effizient einzutreiben, insbesondere bei einer potentiellen Insolvenz eines Debitoren die es früh zu erkennen gilt.[5]

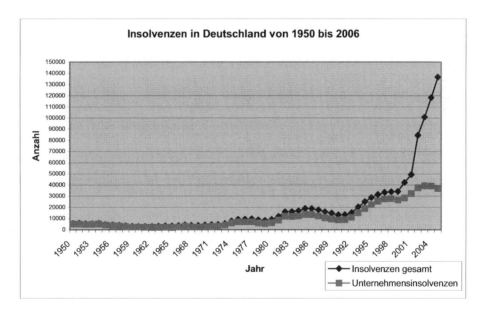

Abbildung 1: Insolvenzen in Deutschland von 1950 bis 2006
Vgl. Statistisches Bundesamt, online: Lange Reigen - Insolvenzen,
http://www.destatis.de/indicators/d/lrins01ad.htm, 05.03.2007

---

[5] Vgl. Ohle, C. in Seitz: Inkasso-Handbuch, hrsg. von Seitz, W., 3. Aufl., München 2000, RdNr.27f.

Die Abbildung zeigt die steigende Zahl an Insolvenzen in Deutschland in den letzten Jahren und damit eine wachsende Gefahr von Forderungsausfällen. Dies spiegelt sich auch in einer steigenden Zahl von Inkassounternehmen wieder.[6]

2.1.2 Wirtschaftliche Bedeutung des Forderungsmanagements

Die wirtschaftliche Bedeutung des Forderungsmanagements wird nachfolgend anhand der Bedeutung von Forderungsausfällen für das einzelne Unternehmen und der Bedeutung des Forderungsmanagements im internationalen Vergleich, unter Beachtung der symptomatischen Bedeutung einer ausbleibenden Zahlung, nach der ersten Mahnung und den Beitreibungsmöglichkeiten sowie deren Erfolgswahrscheinlichkeiten untersucht.

2.1.2.1 Bedeutung des Forderungsmanagements für das einzelne Unternehmen

Die Bedeutung eines effizienten Forderungsmanagements soll anhand eines Beispielfalles dargestellt werden:

Ein Unternehmen, das einen jährlichen Umsatz von 10 Millionen Euro erwirtschaftet mit einer Umsatzrendite von 3%, erzielt einen Gewinn von 300.000 Euro. Um einen Forderungsausfall von lediglich einem Prozent, 100.000 Euro, auszugleichen, müsste das Unternehmen einen Mehrumsatz von 5 Millionen Euro erzielen, wenn auch von diesem Mehrumsatz, 1 % der Forderungen ausfallen würde. Dies entspricht einem Umsatzwachstum von 50%.

Dieses Beispiel zeigt, dass bereits kleine Forderungsausfallquoten eine enorme Auswirkung auf die wirtschaftliche Situation eines Unternehmens haben.[7]

Diese Rechnung lässt sich auf jedes Unternehmen und jede Branche übertragen. Die Bedeutung und organisatorische Ausgestaltung des internen beziehungsweise externen Forderungsmanagements wird an den Branchen Banken und Versicherungen beispielhaft aufgezeigt.

---

[6] siehe 4.1.3
[7] Vgl. Rödl, H.: Praxis und wirtschaftliche Bedeutung von Inkassounternehmen, in: Evangelische Akademie (Hrsg.): Inkasso vor Gericht, Bad Boll 1998, S. 14

Einer Studie bei Banken in Deutschland von 2005 zufolge nimmt das Inkasso-Management bei 72,0% der untersuchten Banken einen hohen Stellenwert ein und 6,2% aller Beschäftigten sind in diesem Bereich tätig. 30,8% der befragten Banken beauftragen in merklichem Umfang externe Inkasso-Dienstleister. Dabei nutzen 80,8% der auslagernden Banken das Inkasso, den Forderungseinzug mit allen zugehörigen Tätigkeiten.[8]

Bei Versicherungen, hier wurde nicht das Prämien-, sondern das Regress-Inkasso betrachtet, werden laut einer 2006 veröffentlichten Studie 15% der Forderungen außergerichtlich realisiert und ein hoher Anteil davon erst nach externer anwaltlicher Mahnung. Ingesamt ergab die Studie, dass von den ungefähr 65% realisierter Forderungen, für über 75% eine externe Dienstleistung notwenig war.[9]

2.1.2.2 Bedeutung des Forderungsmanagements im internationalen Vergleich

Bei einer Untersuchung in 36 ausgewählten Staaten, hinsichtlich der Wahrscheinlichkeit, seine Forderung nach einer ergebnislosen ersten Mahnung noch erfolgreich eintreiben zu können, landete Deutschland auf dem dritten Platz. Die Studie wurde von Creditreform e.V.[10] durchgeführt und vergibt dabei einen Indikator von 1 bis 10.

Der Untersuchung lagen folgende Kriterien zugrunde:

- Insolvenzquote

- Möglichkeit des Eigentumsvorbehalts und dessen Insolvenzfestigkeit

- Dauer von Gerichtsverfahren und Kostenerstattung der Auslagen

- gerichtliches Schnellverfahren, entsprechend dem deutschen gerichtlichen Mahnverfahren

- Anerkennung ausländischer Urteile

---

[8] Vgl. Lehrach, D.; Steffani, A.: Problemkredite erfolgreich behandeln, in: geldinstitute 3/2005, S.20f.
[9] Vgl. Buschbell, H.: Erfahrungen speziell bei Regressforderungen in der Praxis und Statitsisches, in: Versicherungswirtschaft, 2006, S.1179ff.
[10] siehe 4.1.4

- Erfolgsquote des Creditreform-Inkassoverfahrens
- Erfahrungen von Auslandsexperten von Creditreform

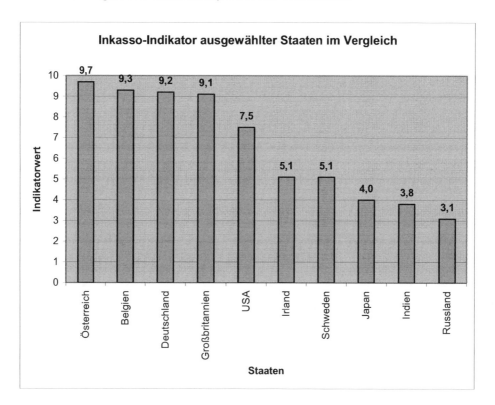

Abbildung 2: Inkasso-Indikator ausgewählter Staaten im Vergleich
Vgl. o.V.: Internationaler Inkasso-Indikator, in: PASSWORD 05/2007, S.28

Die Studie bezeichnet die Zahlungsmoral in Deutschland trotz eines Indikatorwertes von 9,3 als nicht einmal besonders hoch, denn ein Zahlungsverzug deutet in Deutschland, anders als in anderen Staaten, nicht zwangsweise auf eine sich abzeichnende Illiquidität hin, sondern häufig werden Zahlungen hinausgezögert oder die pünktliche Begleichung von Forderungen vergessen.[11]

Dies spricht, insbesondere in Deutschland, für die Notwendigkeit eines professionellen Forderungsmanagements, über die erste Mahnung hinaus.

---

[11] Vgl. o.V.: Internationaler Inkasso-Indikator, in: PASSWORD 05/2007, S.28

2.2 Entscheidung zwischen Forderungseinzug durch einen Rechtsanwalt, ein Inkassounternehmen oder eine eigene Mahn- und Inkassoabteilung

Grundsätzlich ergeben sich einem Unternehmen drei Alternativen, um dem Problem des Forderungseinzugs, nach der ersten verzugsbegründenden Mahnung, zu begegnen: Die Beauftragung eines Rechtsanwaltes, eines Inkassounternehmens oder der Aufbau einer eigenen Mahn- und Inkassoabteilung, wobei diese in einem gewissen Umfang auch bei einer Vergabe an externe Dienstleistung vorhanden sein muss um die Transaktion zu koordinieren.

Weckert sieht als Entscheidungsgrundlage das Ergebnis einer Untersuchung des Forderungsbestandes und der eigenen Situation nach folgenden Kriterien:

- Kundenstruktur
- Schuldnerstruktur
- Forderungsvolumen
- Sicherheiten
- Reklamationshäufigkeit
- Geschäftsgrundlage
- Vertriebsformen
- eigene Finanzsituation

Je nach Untersuchungsergebnis der einzelnen Bereiche sind die Arbeitsweisen und Möglichkeiten der drei Alternativen gegenüberzustellen.[12]

Die folgende schematische Darstellung, angelehnt an Weckert, zeigt die für die einzelne Entscheidung zwischen dem Forderungseinzug durch einen Rechtsanwalt, ein Inkassounternehmen beziehungsweise die unternehmensinterne Mahn- und Inkassoabteilung relevanten Faktoren in den verschiedenen Ausprägungen, die für jeweils eine der drei Alternativen spricht.

---

[12] Vgl. Weckert, H.-K.: Entscheidungshilfen für den Forderungseinzug, in: Teilzahlungswirtschaft 06/1979, S.255f.

Die Merkmale entsprechen typischen Rechtsanwälten und Inkassounternehmen. Es gibt jedoch auch auf Forderungsbeitreibung und Massengeschäfte spezialisierte Rechtsanwälte, sowie Inkassounternehmen die beispielsweise nur regional arbeiten, weshalb die Übersicht nur der Orientierung dient und im Einzelfall entschieden werden muss.

	Forderungseinzug durch Rechtsanwalt	Forderungseinzug durch Inkassounternehmen	Forderungseinzug durch Unternehmensinterne Mahn- und Inkassoabteilung
Kundenstruktur	regional anonym	überregional anonym	örtlich begrenzt enge Beziehung
Schuldnerstruktur	Firmenschuldner Privatschuldner	Firmenschuldner Privatschuldner	
Forderungsanzahl	niedrig	hoch	geringe Bedeutung
Sicherheiten	Sicherheiten werden beachtet		Eigentumsvorbehalt
Forderungsbestreitungshäufigkeit	Forderungen meist bestritten	keine bestrittenen Forderungen	keine bestrittenen Forderungen
Geschäftsgrundlage	Werk- oder Beratungsverträge mit großer Prozesshäufigkeit	geringe Bedeutung	
Finanzsituation	gut Titulierung nicht dringend	schnelle Realisierung erwünscht	
Erstattungsfähigkeit der Kosten	hoch	unterschiedlich	keine
Erfolgsquote	sekundäre Bedeutung, da häufig Prozeßführung	hohe Bedeutung, nur außergerichtlich	
Kosten	sekundäre Bedeutung, da feste Gebühren	hohe Bedeutung	

Tabelle 1: Faktoren für eine Entscheidung zwischen Rechtsanwalt, Inkassounternehmen und interne Mahn- und Inkassoabteilung

Vgl. Weckert, H.-K.: Entscheidungshilfen für den Forderungseinzug, in: Teilzahlungswirtschaft 06/1979, S.256

Zur Wirtschaftlichkeitsbetrachtung der Funktionsübertragung des Forderungseinzugs an Inkassounternehmen siehe 4.8 und zur detaillierten Darstellung der Erstattungsfähigkeit von Inkassokosten siehe 5.

2.3 Zwischenfazit

Das Forderungsmanagement hat eine sehr große Bedeutung für jedes Unternehmen. Es ist Teil des Risikomanagements und gestaltet alle Aspekte Forderungen betreffend. Von den Maßnahmen im Vorfeld der Forderungsentstehung, wie Vertragsgestaltung, über die Überwachung der Debitoren, bis schließlich zur Forderungsbeitreibung, die von der Rechnungsstellung bis zur außer- und auch gerichtlichen Geltendmachung und Vollstreckung reicht. Zunehmende Insolvenzfälle in den letzten Jahren und eine schwache Zahlungsmoral in Deutschland machen ein effizientes Forderungsmanagement notwendig. Dazu zählt die Entscheidung des make or buy, das heißt, der Entscheidung für den internen Forderungseinzug durch eine Mahn- und Inkassoabteilung oder der Beauftragung eines Inkassounternehmens oder eines Rechtsanwaltes.

3 Rechtsanwalt im Forderungsmanagement

3.1 Rechtsanwalt – berufliche Stellung und Tätigkeitsspektrum

3.1.1 Berufliche Stellung des Rechtsanwaltes

Die Bundesrechtsanwaltsordnung regelt das Berufs- und Standesrecht von Rechtsanwälten, das bedeutet seine Rechte und Pflichten an sich und gegenüber seinen Mandanten.

Die ersten beiden Paragraphen der Bundesrechtanwaltsordnung bezeichnen den Rechtsanwalt folgendermaßen:

„Der Rechtsanwalt ist ein unabhängiges Organ der Rechtspflege."[13] Er „übt einen freien Beruf aus"[14] und seine „Tätigkeit ist kein Gewerbe."[15]

Damit ist die unreglementierte Selbstbestimmung des Rechtsanwaltes, aber auch seine Verantwortung als Organ der Rechtspflege, sich an Recht und Gesetz zu halten, seriös zu arbeiten, das Vertrauen der Verbraucher und seiner Klienten nicht zu missbrauchen und nicht nur Vertreter seiner privaten Interessen, wie ein Gewerbetreibender, zu sein, gemeint.[16]

3.1.2 Tätigkeitsspektrum und Organisation des Rechtsanwaltes

Das Tätigkeitsspektrum umfasst laut BRAO die Beratung und Vertretung in allen Rechtsangelegenheiten außergerichtlich und auch vor Gericht.[17]

In Unternehmen umfasst das Forderungsmanagement mehr als die reine Forderungsbeitreibung. Es ist Teil des Risikomanagements, das durch das Gesetz zur Kontrolle und Transparenz im Unternehmensbereich eine besondere Ausgestaltung erfuhr. Für Aktiengesellschaften und auch für größere Gesellschaften mit beschränkter Haftung besteht die Pflicht zur Implementierung eines solchen Risikomanagements. Die Tätigkeit des

---

[13] § 1 BRAO
[14] § 2 Abs.1 BRAO
[15] § 2 Abs.2 BRAO
[16] Vgl. Hansen, F.; Wagner, C.: Der Rechtsanwalt – Grundlagen des Anwaltsberufs, Münster 2005, S.23f.
[17] § 3 BRAO

Rechtsanwaltes kann hier das gesamte Spektrum von der Beratung von Unternehmen bezüglich dem KonTraG, über die Ausgestaltung von Vertragsbeziehungen zu Kunden, was auch Teil des Forderungsmanagements ist, bis zum Forderungseinzug abdecken.[18]

Der Forderungseinzug des Rechtsanwalts, unabhängig ob er nur für diesen Forderungseinzug beauftragt ist oder die gesamte Rechtsvertretung eines Unternehmens vornimmt, umfasst das Mahn- und Klageverfahren, sowie die Veranlassung von Zwangsvollstreckungen. Die Entlohnung des Rechtsanwaltes erfolgt dabei erfolgsunabhängig entsprechend der Höhe des Streitwertes nach dem Rechtsanwaltvergütungsgesetz. Im Allgemeinen sind Rechtsanwaltskanzleien dabei aber weder personell noch organisatorisch auf die Bearbeitung des Forderungseinzugs in zahlenmäßig großem Umfang ausgestattet.[19]

Der Rechtsanwalt geht hierbei mit seinem Mandanten einen Geschäftsbesorgungsvertrag ein, bei dem es sich in der Regel um einen Dienstvertrag handelt. Jedoch kommt bei bestimmten Tätigkeiten auch ein Werkvertrag als Vertragsverhältnis in Betracht. Inhalt von solchen Werkverträgen sind beispielsweise:

- Erstellen von Verträgen
- Grundbuch- und Registertätigkeiten
- Erstellen von Gutachten
- Halten von Vorträgen[20]

Im Bereich des Forderungsmanagements handelt es sich jedoch aufgrund der Tätigkeiten um einen Dienstvertrag.

---

[18] Vgl. Emmert, T.; Huber, A.: Anwaltshandbuch Forderungsmanagement, Köln 2004, S.24ff.
[19] Vgl. Ohle, C. in Seitz: Inkasso-Handbuch, hrsg. von Seitz, W., 3. Aufl., München 2000, RdNr.32
[20] Vgl. Hansen, F.; Wagner, C.: Der Rechtsanwalt – Grundlagen des Anwaltsberufs, Münster 2005, S.82f.

3.2 Besonderheiten des Rechtsanwaltes mit Spezialisierung auf Forderungsbeitreibung

3.2.1 Organisatorische Besonderheiten des Rechtsanwaltes mit Spezialisierung auf Forderungsbeitreibung

Der Rechtsanwalt, der sich auf das Forderungsmanagement und insbesondere den Forderungseinzug spezialisiert hat, ist wie jeder andere Rechtsanwalt an die festgelegten Gebühren des Rechtanwaltvergütungsgesetzes gebunden.

Der Rechtsanwalt darf jedoch in außergerichtlichen Angelegenheiten Pauschalvergütungen vereinbaren und bei erfolglosen gerichtlichen Mahnverfahren und Zwangsvollstreckungsverfahren einen Teil des Erstattungsanspruchs an Erfüllungsstatt annehmen.[21]

Diese geringeren Pauschalvergütungen und die drohenden potentiellen Vergütungseinbußen bei erfolglosen außergerichtlichen Maßnahmen muss der Rechtsanwalt kompensieren. Dies ist nur durch Skaleneffekte, wie sie Inkassounternehmen realisieren können, zu erreichen, was entsprechende elektronische Datenaustauschsysteme und geschulte Mitarbeiter erfordert.

3.2.2 Der Rechtsanwalt im Wettbewerb mit Inkassounternehmen

Die Zulassung von Inkassounternehmen beschränkt sich auf die außergerichtliche Beitreibung von unstrittigen Forderungen[22], einem Ausschnitt des klassischen Betätigungsfeldes von Rechtsanwälten. Dadurch ergibt sich zwischen Inkassounternehmen und auf die Beitreibung von Forderungen spezialisierter Rechtsanwälte ein heftiger Wettbewerb. Regelmäßig löst der Leistungswettbewerb eine solche Situation. Jedoch sind die Ausgangspositionen ganz unterschiedlich aufgrund der Bindung des Rechtsanwaltes an seine Berufsordnung, die Bundesrechtsanwaltsordnung, die Gebührenordnung und das Rechtsanwaltsvergütungsgesetz. Zwar ist auch das Inkassounternehmen an das Rechtsberatungsgesetz gebunden, jedoch kann es bei der Vergütung als Gewerbetreibender frei operieren. Der Vorteil der Rechtsanwälte hingegen ist die Möglichkeit, eine umfassende

---

[21] Vgl. § 4 Abs.2 RVG
[22] siehe 4.2

Rechtsbesorgungskompetenz anbieten zu können, also, im Bereich des Forderungsmanagements, auch außergerichtlich uneinbringliche Forderungen gerichtlich geltend zu machen.[23] Daneben besteht teilweise eine unterschiedliche Erstattungsfähigkeit der Kosten eines Rechtsanwaltes und eines Inkassounternehmens.[24]

3.2.3 Rechtsanwalt mit Zulassung als Inkassounternehmer

Der Rechtsanwalt führt einen freien Beruf aus und bis zu dem Urteil des Bundesverfassungsgerichts vom 04.11.1992 war den Rechtsanwälten der Zugang zu gewerblichen Tätigkeiten untersagt. Seitdem gibt es die Entwicklung, dass Rechtsanwälte eine Zulassung als Inkassounternehmer beantragen. Eine Entscheidung des Bundesgerichtshofs von 1996, die eine gleichzeitige Tätigkeit als Rechtsanwalt und Versicherungsberater erlaubt, wird in der Praxis dahingehend interpretiert, dass ein Anwalt auch eine Zulassung als Inkassounternehmer erreichen könne. Der Hessische Verwaltungsgerichtshof hat klargestellt, dass eine Interessenkollision nicht auftreten könne, wenn die Tätigkeitsverbote der Bundesrechtsanwaltsordnung eingehalten werden. Die BRAO besagt, dass der Rechtsanwalt nicht tätig werden darf, „wenn er in derselben Angelegenheit außerhalb seiner Anwaltstätigkeit (...) bereits beruflich tätig war"[25] und „in Angelegenheiten, mit denen er bereits als Rechtsanwalt befasst war, außerhalb seiner Anwaltstätigkeit"[26] auch nicht tätig werden darf. Ein Anwalt, der versucht, eine außergerichtlich uneintreibbare Forderung zuerst als Inkassounternehmer beizubringen, könnte mit Berufung auf § 45 Abs.1 Nr. 4 BRAO letzter Halbsatz, indem es heißt, dass das Verbot des § 45 Abs.1 Nr.4 BRAO nicht gilt, „wenn die berufliche Tätigkeit beendet ist", später als Rechtsanwalt auf gerichtlichem Wege versuchen die Forderung einzuklagen. Unter Beachtung der Intention des Gesetzgebers dieser Vorschrift ist mit der Beendigung der Tätigkeit, das Ende der gesamten beruflichen Tätigkeit und nicht das Ende des einzelnen Auftrages gemeint und somit würde das mögliche Argument hier nicht greifen. Zweck einer solchen Doppelzulassung liegt in der Erzielung von Einkünften, die weder

---

[23] Vgl. Rieble, W.: Außergerichtliches Inkasso im Wettbewerb zwischen Anwälten und Inkassounternehmen, in: Der Betrieb 1995, S.195
[24] siehe 5
[25] § 45 Abs.1 Nr.4 BRAO
[26] § 45 Abs.2 Nr.2 BRAO

bei einer einzelnen Zulassung als Rechtsanwalt, noch bei einer strikten Trennung im Sinne der Forderung des Hessischen Verwaltungsgerichtshofs möglich wäre. Ein Rechtsanwalt könnte für einen außergerichtlichen Forderungseinzug lediglich eine Geschäftsgebühr von in der Regel 1,3 Gebühren[27] verlangen, während ein Anwalt mit Zulassung als Inkassounternehmer mit dem Auftraggeber einen prozentualen Kostensatz und möglicherweise zusätzliches Erfolgshonorar vereinbaren könnte. Abhängig vom Erfolgsversprechen des Auftrages hätte der Anwalt die Auswahl, ob er als Anwalt oder Inkassounternehmer auftritt. Durch diese Möglichkeit Aufträge beiden Berufstätigkeiten zuzuordnen, würde die gewerbliche Gewinnmaximierung an erste Stelle treten. Anstelle der Aufteilung seiner Aufträge, könnte ein solcher Rechtsanwalt mir Zulassung als Inkassounternehmer alle Aufträge zunächst als Inkassounternehmer bearbeiten und außergerichtlich uneinbringliche Forderungen gerichtlich als Rechtsanwalt weiterführen. Daraus würde sich ein Geldwertvorteil gegenüber anderen Rechtsanwälten ohne eine solche doppelte Zulassung ergeben, da diese die Geschäftsgebühr auf eine Verfahrensgebühr anzurechnen haben.[28] Strafrechtlich würde sich ein Rechtsanwalt, der diese Anrechnungsvorschrift des Rechtsanwaltsvergütungsgesetzes nicht beachtet, einer Gebührenübererhebung gegenüber seinem Auftraggeber[29] und einem Betrug gegenüber dem Schuldner[30] strafbar machen. Durch eine solche zweifache Zulassung könnte ein Rechtsanwalt bei derselben Forderung doppelte Einkünfte durch eine getrennte Abrechnung erzielen, für die er als einfach zugelassener Rechtsanwalt strafbar wäre. Es würde sich um eine Umgehung des Rechtsanwaltsvergütungsgesetzes handeln und es ist mehr als kritisch, ein Verhalten, das bei einem Rechtsanwalt berufs- und strafrechtlich verboten wäre, durch eine zweite Zulassung zu legitimieren. Durch eine geringe Überwachung von Inkassounternehmen und Rechtsanwälten ist zu befürchten, dass eine strikte Trennung nicht sichergestellt wird und es zu unzulässiger Gewinnmaximierung kommt. Bei dem Rechtsanwalt mit Zulassung als Inkassounternehmer treffen das Organ der Rechtspflege, das nur die Interessen seines Mandanten zu wahren hat, und der Gewerbetreibende, bei

---

[27] Anl.1 Nr.2400 RVG
[28] Anl.1 Nr.3101 Abs.1 RVG
[29] § 352 StGB
[30] § 263 StGB

dem seine eigenen finanziellen Interessen im Vordergrund stehen, in einer Person aufeinander. Dies führt zu einer Gefährdung der Unabhängigkeit und Integrität des Rechtsanwalts mit vorprogrammierten Interessenkollisionen.[31]

3.3 Rechtsanwalt in der Zusammenarbeit mit Inkassounternehmen

3.3.1 Rechtsanwalt als Angestellter eines Inkassounternehmens

Die Beschäftigung eines Rechtsanwaltes bei einem Inkassounternehmen als Angestellter ist durchaus vorstellbar und auch das Berufsrecht der Anwälte spricht nicht dagegen. Das Inkassounternehmen hätte dadurch umfassende juristische Kenntnisse zur Verfügung. Jedoch dürfte auch der Rechtsanwalt in ständigem Dienstverhältnis, aufgrund eines Verbotes der Bundesrechtsanwaltsordnung, nicht vor Gericht in seiner Eigenschaft als Rechtsanwalt tätig werden.[32]

3.3.2 Rechtsanwalt in der Sozietät mit einem Inkassounternehmer

Theoretisch käme eine Zusammenarbeit von Rechtsanwälten und Personen mit einer Zulassung als Inkassounternehmer in Frage. Sozietäten, Bürogemeinschaften und Kapitalgesellschaften kommen jedoch nicht in Frage, da es sich bei dem Inkassounternehmer um keinen sozietätsfähigen Beruf im Sinne der Bundesrechtsanwaltordnung handelt.[33] Die rechtliche Unzulässigkeit von Partnerschaftsgesellschaften von Rechtsanwälten mit Inkassounternehmern folgt aus der Erfordernis des Partnerschaftsgesellschaftsgesetzes, dass alle Beteiligten zu den freien Berufen gehören, Inkassounternehmer jedoch Gewerbetreibende sind.[34]

---

[31] Vgl. Hoechstetter, P.: Zulassung eines Rechtsanwalts als Inkassounternehmer, in: Rbeistand 1/2000, S.3ff.
[32] Vgl. § 46 Abs.1 BRAO
[33] Vgl. § 59a Abs.1 BRAO
[34] Vgl. § 1 Abs.1 PartGG

3.3.3 Rechtsanwalt in der Kooperation mit einem Inkassounternehmen

Die Berufsordnung der Rechtsanwälte erwähnt allerdings eine Zusammenarbeit in Form einer „auf Dauer angelegten und durch tatsächliche Ausübung verfestigten Kooperation"[35]. Jedoch gibt es keine gesetzliche Definition einer Kooperation noch sind ihre Voraussetzungen oder Ausgestaltung geregelt. Nach Gabler handelt es sich bei einer Kooperation um eine „Zusammenarbeit zwischen meist wenigen, rechtlich und wirtschaftlich selbstständigen Unternehmungen zur Steigerung der gemeinsamen Wettbewerbsfähigkeit"[36].

Der Vorteil könnte zum Beispiel in standardisiertem Informationsaustausch und fest vereinbarten Prozessen liegen, was eine Kosteneinsparung für beide Seiten bedeuten würde und zu Wettbewerbsvorteilen führen würde.

Eine besondere Form der Kooperation sind die sogenannten Vertragsanwälte. Die Möglichkeit der Gebührenvereinbarung unterhalb des Rechtsanwaltsvergütungsgesetzes oder gar den Gebührenverzicht mit Inkassounternehmen zu vereinbaren besteht jedoch nicht. Der Rechtsanwalt ist bei der Vergütung an die Vorschriften der BRAO[37] und der BerufsO der Rechtsanwälte[38] gebunden, so heißt es ausdrücklich in § 21 Abs.1 der BerufsO der Rechtsanwälte: "Das Verbot, geringere als die gesetzlichen Gebühren zu fordern oder zu vereinbaren, gilt auch im Verhältnis zu Dritten, die es anstelle des Mandanten oder neben diesem übernehmen, die Gebühren zu bezahlen, oder die sich gegenüber dem Mandanten verpflichten, diesen von anfallenden Gebühren freizustellen."[39]

Hält sich der Anwalt an diese gesetzlichen Regelungen, ist der Sinn einer Vertragsanwaltsbeziehung zweifelhaft.

---

[35] § 8 BerufsO der Rechtsanwälte
[36] Gabler Lexikon Recht in der Wirtschaft, Winter,E. (Hrsg), Wiesbaden 1998, S.590
[37] § 49b Abs.1 BRAO
[38] § 21 Abs.1 BerufsO der Rechtsanwälte
[39] § 21 Abs.1 BerufsO der Rechtsanwälte

3.3.4 Rechtsanwalt von Inkassounternehmen beauftragt für gerichtliche Maßnahmen bei außergerichtlich uneinbringlichen Forderungen

Inkassounternehmen sind aufgrund ihrer Beschränkung auf die außergerichtliche Beitreibung von unstrittigen Forderungen beschränkt[40], wodurch sie auf Rechtsanwälte angewiesen sind, sobald sich eine Forderung außergerichtlich nicht geltend machen lässt. Das Inkassounternehmen beauftragt den Rechtsanwalt nach Rücksprache mit dem Gläubiger oder aufgrund einer bereits bei Auftragsannahme entsprechend getroffenen Vereinbarung. Je nach Vertragsverhältnis zwischen Gläubiger und Inkassounternehmen beauftragt das Inkassounternehmen den Rechtsanwalt dabei in eigenem oder im Namen des Gläubigers.[41]

3.4 Zwischenfazit

Der Rechtsanwalt hat eine wichtige Rolle im Bereich des Forderungsmanagements inne, da es ihm in der Regel exklusiv vorbehalten ist mit den Gerichten zu interagieren. Das bedeutet, auch wenn der Gläubiger sich zuerst an ein Inkassounternehmen zur Einziehung einer offenen Forderung wendet, führt kein Weg an einem Rechtsanwalt vorbei, wenn eine außergerichtliche Forderungseintreibung erfolglos bleibt.

Der Rechtsanwalt befindet sich jedoch im Bereich der außergerichtlichen Forderungsbeitreibung in einem Konkurrenzumfeld. Die Zahl der Inkassounternehmen[42] hat in den letzten 15 Jahren um bis zu rund 10% je Jahr zugenommen und die Anzahl an zugelassenen Rechtsanwälten[43] hat sich auch um rund 4-8% jährlich erhöht.

Verschiedene Formen der Zusammenarbeit zwischen Rechtsanwälten und Inkassounternehmen oder gar eine Zulassung als Rechtsanwalt und gleichzeitig als Inkassounternehmer sind unter Berücksichtigung der Stellung des Rechtsanwaltes als Organ der Rechtspflege und seiner besonderen berufsrechtlichen Vorgaben kritisch zu sehen.

---

[40] siehe 4.2
[41] siehe 4.7
[42] siehe 4.1.3
[43] Vgl. BRAK, online: Entwicklung der Zahl zugelassener Rechtsanwälte von 1950 bis 2006, http://brak.de/seiten/pdf/Statistiken/GesamtzahlenRAe.pdf, 05.06.2007

4 Inkassounternehmen

4.1 Inkassobranche in Deutschland

4.1.1 Wirtschaftliche Bedeutung der Inkassounternehmen in Deutschland

Die volkswirtschaftliche Bedeutung von Inkassounternehmen in Deutschland lässt sich an den Umsätzen der Inkassounternehmen festmachen.

David gibt den Umsatz der deutschen Inkassounternehmen für 1992 mit knapp einer Milliarde Euro an bei 551 zugelassenen Inkassounternehmen und schätzt die eingezogenen Forderungen auf 3 bis 3,5 Milliarden Euro.[44]

Heute dürfte die Summe an eingezogenen Forderungen und damit auch die Bedeutung der Inkassounternehmen noch deutlich höher liegen. Der Bundesverband Deutscher Inkasso-Unternehmen e.V. gibt das eingezogene Forderungsvolumen mit vier Milliarden Euro jährlich an.[45]

4.1.2 Historische Betrachtung der Inkassounternehmen

Die Ursprünge der Inkassounternehmen liegen in der Zeit nach dem deutsch-französischen Krieg 1870/1871. In einer Phase des wirtschaftlichen Wachstums, ausgelöst durch technologischen Fortschritt und aufkommender Gewerbefreiheit entstanden viele neue Wirtschaftsunternehmen, von denen ein Teil aufgrund von mangelndem Kapital in Konkurs gerieten. Aus dem Bedürfnis nach Sicherheit bei Kreditvergaben entstanden, nach Vorbildern aus den USA und England, sogenannte Auskunftsbüros. Aus diesen entwickelten sich im Laufe der Zeit die heutigen Inkassounternehmen.[46]

---

[44] Vgl. David, P.: Zusammenarbeit mit Inkassounternehmen, 4. Aufl., München 1996, S.11
[45] Vgl. BDIU, online: Entwicklung der Mitglieder des BDIU und der Inkasso-Unternehmen in der Bundesrepublik Deutschland, http://www.bdiu.de/, 22.02.2007
[46] Vgl. Ohle, C. in Seitz: Inkasso-Handbuch, hrsg. von Seitz, W., 3. Aufl., München 2000, RdNr.13ff.

4.1.3 Entwicklung und Zahl der Inkassounternehmen in Deutschland

Eine amtliche, statistische Zahl über Inkassounternehmen in Deutschland gibt es trotz einer Erlaubnispflicht nicht.

Aufgrund seiner Recherchen schätzte Jäckle Mitte der 70er Jahre die Zahl der Inhaber einer Inkassoerlaubnis auf 400 bis 450, von denen er die Hälfte dem Auskunfts- und Kreditschutzgewerbe zuordnete.[47]

Das bedeutet, dass es Mitte der 70er Jahre rund 200 bis 225 Inkassounternehmen gab.

Aus der folgenden Abbildung über die Entwicklung der Inkassounternehmen in Deutschland von 1991 bis 2006, geht hervor, dass es Anfang der 90er Jahre ungefähr 450 und im Jahre 2006 ungefähr 700 bis 750 Inkassounternehmen gab.

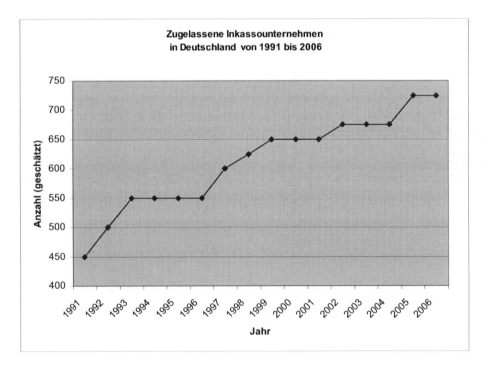

Abbildung 3: Zugelassene Inkassounternehmen in Deutschland von 1991 bis 2006

Vgl. BDIU, online: Entwicklung der Mitglieder des BDIU und der Inkasso-Unternehmen in der Bundesrepublik Deutschland, http://www.bdiu.de/, 22.02.2007

---

[47] Vgl. Jäckle, W.: Die Erstattungsfähigkeit der Kosten eines Inkassobüros, Berlin 1978, S.16

Die Zahl der Inkassounternehmen hat sich in den rund 15 Jahren von Mitte der 70er Jahre bis Anfang der 90er Jahre ungefähr verdoppelt und in den 15 Jahren von 1991 bis 2006 ist die Zahl noch einmal um über die Hälfte angewachsen.

Jedoch übt ein Teil der Erlaubnisinhaber die Inkassotätigkeit nicht oder nur sporadisch aus. Aufgrund der Angabe von Ohle, dass es im Jahre 2000 etwa 600 tatsächlich tätige Inkassounternehmen gibt, lässt sich ein Anteil der nicht oder nur sporadisch ausgeübten Inkassotätigkeit von Erlaubnisinhabern von knapp 10% berechnen.[48]

Ohle sieht eine positive Korrelation zwischen Insolvenzen und der Bedeutung des Forderungsmanagements in Unternehmen.[49] Ein eindeutiger Zusammenhang zwischen der Zahl an Inkassounternehmen und der Insolvenzfälle[50] lässt sich jedoch nicht erkennen, da in den letzten 15 Jahren die Zahl der Inkassounternehmen stetig wuchs, im Gegensatz zur Zahl der Insolvenzfälle die mehrmals kurzzeitig auch abnahm.

4.1.4 Unternehmensformen von Inkassounternehmen in Deutschland

Bei den Unternehmensformen von Inkassounternehmen in Deutschland sind alle handelsrechtlich üblichen anzutreffen. Viele werden als Einzelunternehmen geführt. Bei den größeren Unternehmen finden sich vornehmlich offene Handelsgesellschaften, „häufig" Kommanditgesellschaften und „zunehmend" Gesellschaften mit beschränkter Haftung und Gesellschaften mit beschränkter Haftung und Co. KG. Im Jahr 1998 wurde erstmals ein Inkassounternehmen als Aktiengesellschaft registriert.[51]

Eine weitere Gesellschaftsform ist der eingetragene Verein, wie beispielsweise der Verband der Vereine Creditreform e.V., der nach eigenen Angaben über 130.000 Mitgliedsunternehmen hat und Dienstleistungen vom Risiko- über das Forderungsmanagement und Factoring bis hin zum Rating übernimmt und

---

[48] Vgl. Ohle, C. in Seitz: Inkasso-Handbuch, hrsg. von Seitz, W., 3. Aufl., München 2000, RdNr.22
[49] Vgl. Ohle, C. in Seitz: Inkasso-Handbuch, hrsg. von Seitz, W., 3. Aufl., München 2000, RdNr.27f.
[50] s 2.1.1
[51] Vgl. Ohle, C. in Seitz: Inkasso-Handbuch, hrsg. von Seitz, W., 3. Aufl., München 2000, RdNr.23

insbesondere beim Rating von den Informationen der Mitgliedsunternehmen profitiert.[52]

4.1.5 Beschäftigtenzahlen von Inkassounternehmen in Deutschland

Genaue Untersuchungen über die Beschäftigtenzahlen von Inkassounternehmen in Deutschland existieren nicht. Ohle gibt an, dass knapp zwei Drittel der Inkassounternehmen nur bis zu fünf Mitarbeiter beschäftigen und die zehn größten Inkassounternehmen bis zu 900 Mitarbeiter haben.[53]

Den Akademikeranteil der Beschäftigten gibt Dietrich mit etwa vier Prozent und wachsender Tendenz an. Dabei handelt es sich insbesondere um Juristen, Wirtschaftswissenschaftler und EDV-Spezialisten. Die nicht-akademischen Mitarbeiter sind meist Bürokaufleute und Anwaltsgehilfen.[54]

4.2 Rechtliche Grundlage von Inkassounternehmen

„Der Rechtsanwalt ist der berufene unabhängige Berater und Vertreter in allen Rechtsangelegenheiten."[55]

Neben dem Rechtsanwalt darf die Besorgung fremder Rechtsangelegenheiten nur von Personen betrieben werden, denen gemäß dem Rechtsberatungsgesetz für bestimmte Sachbereiche eine Erlaubnis erteilt wurde.[56]

Das Rechtsberatungsgesetz mit den zugehörigen Ausführungsverordnungen regelt die Erlaubnispflichtigkeit der Rechtsberatung. Konkret sind die Inkassounternehmen in Art.1 § 1 Abs.1 Nr.5 RBerG genannt. Bei der Nr.5 handelt es sich um eine konkretisierte Erlaubnisform, einer Ausnahme des ansonsten geltenden präventiven Verbots der Rechtsberatung.[57]

---

[52] Vgl. Verband der Vereine Creditreform e.V., online: Unser Unternehmen, http://www.creditreform.de/Ressourcen/PDF_Dokumente/Wir_ueber_uns/creditreform_basisbroschuere.pdf, 14.05.2007
[53] Vgl. Ohle, C. in Seitz: Inkasso-Handbuch, hrsg. von Seitz, W., 3. Aufl., München 2000, RdNr.24
[54] Vgl. Dietrich, B.: Inkasso Unternehmungen, München 1986, S 55
[55] § 3 Abs.1 BRAO
[56] Vgl. Art.1 § 1 Abs.1 RBerG
[57] Vgl. Rennen, G.; Caliebe, G.: Rechtsberatungsgesetz: : mit Ausführungsverordnungen und Erläuterungen, 3. Aufl., München 2001, RdNr.8

Inkassounternehmen zählen zur gewerblichen Wirtschaft und im Gegensatz zu Rechtsanwälten ist es ihnen erlaubt Werbung zu machen.[58]

4.2.1 Aufgaben und Kompetenzen von Inkassounternehmen nach dem Rechtsberatungsgesetz

Das Rechtsberatungsgesetz erlaubt Inkassounternehmen die „außergerichtliche Einziehung von Forderungen"[59].

Dazu zählt die Einziehung fremder Forderungen und die Einziehung abgetretener Forderungen. Jedoch nur, wenn die Abtretung zum Zwecke der Einziehung, also zahlungshalber erfolgt ist, nicht aber die reine Sicherungsabtretung.[60] Die Erlaubnis schließt die Rechtsberatung für den Sachbereich für den sie erteilt wurde mit ein.[61] Bei der Rechtsberatung handelt es sich um eine Unterform der Rechtsbesorgung.[62]

Die Inkassobranche in Person des Bundesverbandes Deutscher Inkassounternehmen e.V. versteht die Erlaubnis zur Rechtsberatung folgendermaßen: „Die rechtliche Beratung der Gläubiger im Rahmen der Forderungseinziehung und in Bezug auf die möglichen Einziehungsmaßnahmen ist zulässig, wenn sie diesen Rahmen und Zusammenhang nicht überschreitet; auch die Beratung im Hinblick auf mögliche Einwendungen gegenüber der einzuziehenden Forderung ist zulässig."[63]

4.2.2 Zulassung von Inkassounternehmen

Über die gemäß Art.1 § 1 Abs.1 RBerG benötigte Erlaubnis „entscheidet der Präsident des Landgerichts, in dessen Bezirk die Rechtsbesorgung ausgeübt werden soll; gehört der Ort zu dem Bezirk eines Amtsgerichts, das einem Präsidenten unterstellt ist, so entscheidet der Amtsgerichtspräsident."[64]

---

[58] 3. RBerGAV
[59] Art.1 § 1 Abs.1 Nr.5 RBerG
[60] Vgl. Altenhoff, R.; Busch, H.; Chemnitz, J.: Rechtsberatungsgesetz, hrsg. von: Harms, W.; Ehlers, D., 10. Aufl., Münster 1993, RdNr. 88ff.
[61] Vgl. Art.1 § 1 Abs. 1 RBerG
[62] Vgl. Rennen, G.; Caliebe, G.: Rechtsberatungsgesetz: : mit Ausführungsverordnungen und Erläuterungen, 3. Aufl., München 2001, RdNr. 40
[63] § 16 der Satzung des Bundesverbandes Deutscher Inkassounternehmen e.V.
[64] § 11 RBerGAV

4.2.2.1 Voraussetzungen der Zulassung von Inkassounternehmen

Das heutige Rechtsberatungsgesetz hat seinen Ursprung im Gesetz zur Verhütung von Missbräuchen auf dem Gebiet der Rechtsberatung von 1935. Bereits die Bezeichnung des ursprünglichen Gesetzes zeigt dessen Schutzfunktion. Und auch das heutige Rechtsberatungsgesetz „will den Rechtsuchenden davor schützen, dass er seine Rechtsangelegenheiten in ungeeignete Hände legt".[65] Das Bundesverfassungsgericht sieht als Zweck des Rechtsberatungsgesetzes neben dem Schutz des Rechtsuchenden „auch im Interesse einer reibungslosen Abwicklung des Rechtsverkehrs fachlich ungeeignete und unzuverlässige Personen von der geschäftsmäßigen Besorgung fremder Rechtsangelegenheiten fernzuhalten".[66]

Um diese Eignung sicher zu stellen ist die Erteilung der Erlaubnis an Voraussetzungen gebunden. Diese sind in der Verordnung zur Ausführung des Rechtsberatungsgesetzes konkretisiert.

4.2.2.1.1 Alter

Personen, bzw. bei juristischen Personen die bei der Antragstellung bezeichneten Personen, sollen das 25. Lebensjahr erreicht haben.[67]

Dabei handelt es sich um eine Soll-Vorschrift und auch Bewerbern die zwar jünger sind, deren Reifegrad und Lebenserfahrung aber ausreichend ist, darf die Zulassung unter Berufung auf § 4 RBerGAV nicht verwehrt werden.[68] Das Bundesverfassungsgericht sieht es als anerkannt an, „daß die Behörden einen Antrag nicht schematisch deshalb ablehnen dürfen, weil die (...) festgelegte Altersgrenze noch nicht erreicht ist".[69]

4.2.2.1.2 Zuverlässigkeit und persönliche Eignung

Die erforderliche Zuverlässigkeit „ist unter Berücksichtigung seines Vorlebens, insbesondere etwaiger Strafverfahren, zu prüfen, und zwar gleichgültig ob ein Strafverfahren mit Einstellung, Nichteröffnung oder Verurteilung geendet hat. Die Erlaubnis ist in der Regel zu versagen, wenn der Nachsuchende nach dem

---

[65] BGH, NJW 1974, 50
[66] BVerfG, 1 BvR 725/03 vom 14.08.2004, Absatz-Nr.9, http://www.bverfg.de/
[67] Vgl. §§ 3f. RBerGAV
[68] Vgl. Kleine-Cosack, M.: Rechtsberatungsgesetz, Heidelberg 2004, S.372
[69] BVerfG NJW 1988, 545

Strafregister wegen eines Verbrechens verurteilt ist oder wegen eines Vergehens, das einen Mangel an Zuverlässigkeit hat erkennen lassen; dazu gehören insbesondere Vergehen gegen Vermögensrechte. Die Erlaubnis ist ferner zu versagen, wenn mit Rücksicht auf die Verhältnisse des Nachsuchenden und die Art seiner Wirtschaftsführung die Belange der Rechtsuchenden gefährden würden."[70]

Die dargestellte Zuverlässigkeit und persönliche Eignung ist durch geeignete Unterlagen nachzuweisen bzw. der zuständige Gerichtspräsident fordert entsprechende Auskünfte an. Zur Überprüfung der Wirtschaftlichkeit werden je nach Gerichtspräsident Steuererklärung und Steuerbescheid verlangt und überprüft, ob der Nachsuchende eine eidesstattliche Offenbarungsversicherung abgegeben hat und ob ein Konkurs- oder Vergleichsverfahren anhängig ist. Zur Zuverlässigkeit kann ein polizeiliches Führungszeugnis verlangt werden. Zudem werden je nach Gerichtspräsident Einkünfte von der zuständigen Rechtsanwaltskammer und der Industrie- und Handelskammer, sowie vom Bundesverband Deutscher Rechtsbeistände e.V. und dem Bundesverband Deutscher Inkassounternehmen e.V. eingeholt. Auch ein Staatsangehörigkeitsnachweis kann verlangt werden.[71]

4.2.2.1.3 Sachkunde und Ausbildungsgang

„Der Nachsuchende hat seine Sachkunde (...) durch genaue Angaben über seinen Ausbildungsgang und seine bisherige berufliche Tätigkeit darzulegen und soweit möglich, durch Lehr- und Prüfungszeugnisse, Zeugnisse seiner bisherigen Arbeitgeber und dergleichen zu belegen."[72]

Im Gegensatz zur Voraussetzung der Zuverlässigkeit ist das Merkmal der Sachkunde nicht konkretisiert. Dies führt zu den im folgenden dargestellten unterschiedlichen Anforderungen der Gerichtspräsidenten.

Die Sachkunde wird entweder durch mündliche oder schriftliche Prüfungen an den Gerichten überprüft. Zum Teil werden auch Prüfungen, die beim Bundesverband Deutscher Rechtsbeistände e.V. oder beim Bundesverband Deutscher Inkassounternehmen e.V. abzulegen sind, akzeptiert bzw. verlangt.

---

[70] § 6 RBerGAV
[71] Vgl. David, P.: Zusammenarbeit mit Inkassounternehmen, 4. Aufl., München 1996, S.21ff.
[72] § 7 RBerGAV

Zum Inhalt haben die Prüfungen mehrere oder alle der folgenden Rechtsgebiete: Berufs- und Standesrecht, Schuldrecht, Sachenrecht, Handelsrecht, Gesellschaftsrecht, Zivilprozessrecht und Vollstreckungsrecht.[73]

4.2.2.1.4 Bedürfnis

„Die Frage des Bedürfnisses ist nach den Verhältnissen des Ortes, an dem der Nachsuchende seine Tätigkeit betreiben will, und des näheren Wirtschaftsgebietes, dem der Ort angehört, zu beurteilen. Es ist dabei einerseits auf Zahl, Art und Zusammensetzung der Bevölkerung und andererseits auf die bereits vorhandenen Möglichkeiten zur Befriedigung des Bedürfnisses Rücksicht zu nehmen. Dass der Nachsuchende Aussicht hat, sich durch Beziehungen und dergleichen für seine Person ein hinreichendes Tätigkeitsfeld zu beschaffen, genügt nicht, um das Bedürfnis zu bejahen."[74]

Diese Vorschrift ist jedoch vom Bundesverfassungsgericht mit Urteil vom 05.05.1955 für verfassungswidrig wegen Verstoßes gegen Art.12 Abs1 S.1 GG erklärt worden, der das freie Recht auf Berufsfreiheit für deutsche Staatsangehörige verbürgt.

Seit dem Urteil des EuGH von 1974 gilt dies auch für Angehörige der EWR-Staaten. Der Gesetzgeber hat diesem Umstand Rechnung getragen und den Wegfall der Bedürfnisprüfung für Angehörige der genannten Staaten ausdrücklich in Art.1 § 1 Abs.2 S.2 RBerG klargestellt. Somit ist eine Bedürfnisprüfung nur noch bei ausländischen Antragsstellern, die Angehörige von Drittstaaten sind, vorzunehmen.[75]

4.2.2.1.5 Haftpflichtversicherung

Inkassounternehmen sind verpflichtet, ähnlich wie Anwälte, eine Haftpflichtversicherung bei Antragsstellung zur Zulassung nachzuweisen. Die verlangte Höhe der Versicherung ist jedoch unterschiedlich.[76]

---

[73] Vgl. David, P.: Zusammenarbeit mit Inkassounternehmen, 4. Aufl., München 1996, S.20ff.
[74] § 9 RBerGAV
[75] Vgl. Rennen, G.: Rechtsberatungsgesetz: : mit Ausführungsverordnungen und Erläuterungen, 3. Aufl., München 2001, RdNr.90
[76] Vgl. David, P.: Zusammenarbeit mit Inkassounternehmen, 4. Aufl., München 1996, S.20ff.

4.2.2.2 Verfahren der Zulassung von Inkassounternehmen

Der Antrag auf Zulassung des Inkassounternehmens ist bei dem zuständigen Amtsgericht einzureichen. Der Amts- bzw. Landgerichtpräsident prüft in einem Verwaltungsverfahren das Vorliegen der zur Zulassung erforderlichen Voraussetzungen und die Entscheidung über eine Zulassung ergeht per Verwaltungsakt.[77] Das Verwaltungsverfahren ist im Verwaltungsverfahrensgesetz geregelt.[78]

Bei Nicht-Erteilung der Zulassung als Inkassounternehmen kann der Antragsteller Widerspruch gegen den Verwaltungsakt einlegen. Über den Widerspruch entscheidet die übergeordnete Behörde, in diesem Fall der Präsident des Oberlandesgerichts.[79]

4.2.3 Aufsicht über Inkassounternehmen

Die Inkassotätigkeit untersteht nicht der Erlaubnis und Aufsicht der Behörden mit allgemeinen ordnungspolitischen Aufgaben wie den Gewerbeämtern, sondern den zuständigen Präsidenten der Amts- bzw. Landgerichten.[80] Alle natürlichen und juristischen Personen, die Inhaber einer Zulassung als Inkassounternehmen gemäß Art.1 § 1 Abs.1 Nr.5 sind, unterstehen „der Aufsicht"[81]. Diese Aufsicht ist jedoch im Rechtsberatungsgesetz und auch in den zugehörigen Ausführungsverordnungen nur rudimentär geregelt.[82]

Dient das Verwaltungsverfahren dazu, den Antragsteller auf dessen Zuverlässigkeit, persönliche Eignung und Sachkunde zu prüfen und damit sicherzustellen, dass nur geeignete Personen die Zulassung als Inkassounternehmen erhalten und die Schutzzwecke des Rechtsberatungsgesetzes gewahrt sind, so dient die Aufsicht über Inkassounternehmen dazu, dass diese Schutzzwecke auch tatsächlich erfüllt werden. Das Bundesverwaltungsgericht hat dies folgendermaßen formuliert:

---

[77] Vgl. Dietrich, B.: Inkasso Unternehmungen, München 1986, S 25f.
[78] Vgl. § 9 VwVfG
[79] Vgl. § 3 Abs.2 2.RBerGAV
[80] Vgl. Ohle, C. in Seitz, W.: Inkasso-Handbuch, hrsg. von Seitz, W., 3. Aufl., München 2000, RdNr.13
[81] § 3 Abs.1 2. RBerGAV
[82] Vgl. Caliebe, G. in Seitz, W.: Inkasso-Handbuch, hrsg. von Seitz, W., 3. Aufl., München 2000, RdNr.1708

„Zur Aufsicht gehört es, den Erlaubnisinhaber daraufhin zu überwachen, ob die für die Erteilung der Erlaubnis notwendigen Voraussetzungen der Zuverlässigkeit, persönlichen Eignung und genügenden Sachkunde weiterhin gegeben sind und ob sich der Erlaubnisinhaber bei seiner Tätigkeit innerhalb des ihm Erlaubten hält."[83]

4.2.3.1 Organe der Aufsichtsführung

Die Aufsicht führt der zuständige Amts- bzw. Landgerichtspräsident, wobei er sich richterlicher und auch nichtrichterlicher Beamter bedienen kann.[84] Zweck dieser Zuordnung ist die rechtlich-fachliche qualifizierte Beurteilung der Antragsteller und Aufsicht der Inkassounternehmen.[85]

4.2.3.2 Möglichkeiten der Aufsichtsführung

Als präventive Aufsichtsmaßnahmen ohne konkreten Anlass kommen zum Beispiel die Prüfung der Bücher und das Anfordern von Auskünften und Berichten, sowie eine Geschäftsprüfung in Betracht. Bei Anlassprüfungen in Folge von Hinweisen und Beschwerden, kommen ähnlich den präventiven Aufsichtsmaßnamen, Maßnahmen wie das Anfordern von Berichten und Unterlagen von dem Inhaber der Inkassoerlaubnis, persönliche Gespräche und Geschäftsprüfungen in Frage. „Die zuständige Behörde„ [, hier der zuständige Gerichtspräsident bzw. eine von ihm beauftragte Person] "ermittelt den Sachverhalt von Amts wegen."[86] Ergeben die Aufsichtsmaßnahmen einen Verstoß des Inkassounternehmers gegen seine Geschäftsführungspflichten oder kommen Zweifel an seiner Zuverlässigkeit, Eignung und/oder Sachkunde auf, so kommen Untersagungsverfügungen, Weisungen, Missbilligungen, Rügen und als letztes Mittel der Widerruf der Erlaubnis in Betracht.[87]

---

[83] BVerwG, NJW 1999, 440
[84] Vgl. § 3 Abs.1 2.RBerGVO
[85] Vgl. Ohle, C. in Seitz: Inkasso-Handbuch, hrsg. von Seitz, W., 3. Aufl., München 2000, RdNr.13
[86] Art.1 § 1 Abs. 4 RBerG
[87] Vgl. Caliebe, G. in Seitz, W.: Inkasso-Handbuch, hrsg. von Seitz, W., 3. Aufl., München 2000, RdNr.1761ff.

4.3 Erlaubnisfreie Inkassotätigkeit

Bestimmte Formen des Forderungseinzugs und der damit einhergehenden Beratung sind ohne Erlaubnis gestattet.[88]

Diese Fälle der erlaubnisfreien Rechtsbesorgung sind in Art.1 §§ 3,5,6 und 7 des Rechtsberatungsgesetzes geregelt.[89]

4.3.1 Erlaubnisfreie Inkassotätigkeit durch Behörden und Körperschaften des öffentlichen Rechts

Rechtsberatung und Rechtsbetreuung durch Behörden und Körperschaften des öffentlichen Rechts sind von der Erlaubnispflicht befreit.[90] Als wichtigste Gruppe betrifft dies die ärztlichen Vereinigungen und die Kreishandwerkerschaft. Sie übernehmen das Inkasso, das Mahnwesen und die Schuldnerüberwachung. Die Kreishandwerkerschaften erledigen zum Teil auch Aufgaben, die über die herkömmlicher Inkassounternehmen hinausgehen, wie das selbsttätige beantragen von Mahn- und Vollstreckungsbescheiden bei Gericht.[91]

4.3.2 Erlaubnisfreie Inkassotätigkeit durch kaufmännische und gewerbliche Unternehmen

Kaufmännische und gewerbliche Unternehmer dürfen ohne Erlaubnis „für ihre Kunden rechtliche Angelegenheiten erledigen, die mit einem Geschäft ihres Gewerbebetriebs in unmittelbarem Zusammenhang stehen"[92], wie zum Beispiel die Vermietung eines Ersatzfahrzeuges nach einem Unfall und die Regulierung des Schadens.[93]

4.3.3 Erlaubnisfreie Inkassotätigkeit durch Angestellte

Angestellte die Rechtsangelegenheiten ihres Dienstherrn erledigen und die Angestellten von Personen und Stellen der in den Art.1 §§ 1,3 und 5 RBerG bezeichneten Art sind von einer Erlaubnispflicht befreit.[94]

---

[88] Vgl. David, P.: Zusammenarbeit mit Inkassounternehmen, 4. Aufl., München 1996, S.30
[89] Vgl. Dietrich, B.: Inkasso Unternehmungen, München 1986, S.27
[90] Vgl. Art.1 §3 Nr.1 RBerG
[91] Vgl. Dietrich, B.: Inkasso Unternehmungen, München 1986, S.27ff.
[92] Art.1 § 5 Nr.1 RBerG
[93] Vgl. David, P.: Zusammenarbeit mit Inkassounternehmen, 4. Aufl., München 1996, S.30
[94] Vgl. Art.1 § 6 Abs.1 Nr.1 RBerG

4.4 Struktur der Inkassounternehmungen

In Bezug auf ihre wirtschaftliche Abhängigkeit gilt es zwei Formen zu unterscheiden. Zum einen die wirtschaftlich und rechtlich unabhängigen und zum anderen die zu einem Konzern gehörenden, rechtlich zwar unabhängigen, aber wirtschaftlich abhängigen Inkassounternehmen.

4.4.1 Wirtschaftlich selbstständige Inkassounternehmen

Wirtschaftlich selbstständige Inkassounternehmen sind zugelassene Inkassounternehmen, die nicht zu einem Konzern gehören und rechtlich und insbesondere wirtschaftlich unabhängig sind. Das gesamte denkbare Spektrum an Inkassotätigkeiten wird von ihnen angeboten und durchgeführt. [95] Zu ihrem Mandantenkreis gehört eine heterogene Vielzahl von Unternehmen und eventuell auch Verbrauchern, obwohl Spezialisierungen auf bestimmte Mandantenkreise nicht ausgeschlossen sind.

4.4.2 Zu einem Konzern gehörende Inkassounternehmen

Unter zu einem Konzern gehörende Inkassounternehmen sind zugelassene Inkassounternehmen zu verstehen, die aus ausgegliederten Mahnabteilungen hervorgehen oder von einem Unternehmen zum Zweck der Forderungseinziehung als Konzerntochtergesellschaft gegründet wurden.[96]

4.4.2.1 Wirtschaftliche Betrachtung von zu einem Konzern gehörender Inkassounternehmen

Hintergrund und Motivation für eine Ausgliederung der Mahn- und Inkassoabteilungen großer Unternehmen bzw. die Neugründung eines eigenen Inkassounternehmens ist wirtschaftlicher Natur. Neben Rationalisierungseffekten bei Arbeitsteilung bzw. Spezialisierung[97] spielen auch steuerliche Aspekte und die mögliche Erstattungsfähigkeit, dieser dann rechtlich externen Inkassokosten eine Rolle.

---

[95] siehe 4.2 und 4.6
[96] Vgl. Michalski, L.: Unzulässigkeit der Forderungseinziehung durch konzerngebundene Inkassounternehmen, in ZIP 1994, S.1501
[97] Vgl. Dietrich, B.: Inkasso Unternehmungen, München 1986, S.34

Ein solcher externer Posten ist in ganzem Umfang als Aufwand buchbar und wirkt ergebnis- und damit auch steuermindernd, sofern er nicht durch den Schuldner erstattet wird.

4.4.2.2 Rechtliche Betrachtung von zu einem Konzern gehörender Inkassounternehmen

Das Inkassounternehmen mit einer Erlaubnis nach Art.1 § 1 RBerG zeichnet sich, der Definition des BGH folgend, durch eine „auf Dauer beabsichtigten Inkassotätigkeit und einem entsprechenden an die Allgemeinheit oder bestimmte Wirtschaftszweige gerichteten Angebot"[98] aus.

Dies widerspricht der Eigenschaft von Konzerntöchtern als Inkassounternehmen, sofern diese ausschließlich Forderungen der Konzernmutter, also eines konkreten Unternehmens, beitreiben.

Auch die Besorgung fremder Rechtsangelegenheiten liegt bei zu einem Konzern gehörender Inkassounternehmen nicht vor, weil die Gesellschaften eines Konzerns unter einheitlicher Leitung zusammengefasst sind und somit eine wirtschaftliche Einheit bilden.[99] Im Zweifel ist nach dem Aktiengesetz von einer solchen Beziehung auszugehen.[100]

Des Weiteren ist auch die Voraussetzung der Geschäftsmäßigkeit des Art.1 § 1 RBerG, aufgrund der mangelnden Selbstständigkeit der Betätigung und der Weisungsabhängigkeit, zu verneinen.[101]

Damit dürfte zu einem Konzern gehörenden Inkassounternehmen keine Erlaubnis gemäß Art.1 § 1 RBerG erteilt werden.

---

[98] BGH, NJW 1985, 1939
[99] Vgl. Altenhoff, R.; Busch, H.; Chemnitz, J.: Rechtsberatungsgesetz, hrsg. von: Harms, W.; Ehlers, D., 10. Aufl., Münster 1993, RdNr.78
[100] § 18 Abs.2 AktG
[101] Vgl. Michalski, L.: Unzulässigkeit der Forderungseinziehung durch konzerngebundene Inkassounternehmen, in ZIP 1994, S.1506

4.5 Organisationen von Inkassounternehmen

4.5.1 Bundesverband Deutscher Inkasso-Unternehmen e.V.

Der Bundesverband der Deutschen Inkasso- und Auskunfteiunternehmen e.V. existiert seit dem Jahre 1956 und legte nach der Trennung aufgrund unterschiedlicher Interessen der beiden in diesem Verband zusammen gefassten Branchen im Jahr 1966 den Namenbestandteil Auskunftei ab.[102]

4.5.1.1 Zweck des Bundesverbandes Deutscher Inkasso-Unternehmen e.V.

Der BDIU gibt in seiner Satzung folgenden Zweck des Vereines an:

„Das Ziel des Verbandes ist der Zusammenschluss der in der Bundesrepublik Deutschland tätigen Personen und Unternehmen, die gewerbsmäßig Inkassotätigkeiten betreiben (...) sowie die Förderung der beruflichen Interessen seiner Mitglieder."[103]

Der BDIU sieht sich selbst als Standesvertretung der deutschen Inkassounternehmen und vertritt die Berufsinteressen und prägt das Berufsbild der Inkassounternehmer. Dies zeigt sich auch an den vom BDIU als „berufsrechtliche Richtlinien"[104] bezeichneten „Grundsätzen für die Berufsausübung zugelassener Inkassounternehmen in der Bundesrepublik Deutschland und West Berlin", die im Jahre 1994 in die Satzung aufgenommen wurden. [105]

4.5.1.2 Aufgaben des Bundesverbandes Deutscher Inkasso-Unternehmen e.V.

Zur Zielerreichung hat sich der Verband eine Reihe von Aufgaben gestellt:

„a) Pflege der kollegialen Zusammenarbeit und beruflichen Verständigung,

b) laufende Unterrichtung und Beratung der Mitglieder über berufliche Fragen, Abhaltung von Förderungskursen und Ausbildung des Nachwuchses,

---

[102] Vgl. Ohle, C. in Seitz, W.: Inkasso-Handbuch, hrsg. von Seitz, W., 3. Aufl., München 2000, RdNr.20
[103] § 2 Abs.1 der Satzung des Bundesverbandes Deutscher Inkassounternehmen e.V.
[104] Abschnitt IV der Satzung des Bundesverbandes Deutscher Inkassounternehmen e.V.
[105] Vgl. Ohle, C. in Seitz, W.: Inkasso-Handbuch, hrsg. von Seitz, W., 3. Aufl., München 2000, RdNr.20

c) Schlichtung von Streitigkeiten unter den Mitgliedern,

d) Verpflichtung der Mitglieder zu einer würdigen und standesgemäßen Berufsausübung im Sinne der in dieser Satzung aufgeführten Grundsätze für die Berufsausübung zugelassener Inkasso-Unternehmen in der Bundesrepublik Deutschland,

e) Führung der Aufsicht über eine ordnungsgemäße Erfüllung aller beruflichen Obliegenheiten der Mitglieder,

f) Bearbeitung aller Berufsfragen und Vertretung der Berufsinteressen gegenüber der Öffentlichkeit, den Bundes- und Landesbehörden, Gerichten, Verbänden, Dritten,

g) Förderung von Gesetzgebung und Rechtspflege im Interesse des Berufsstandes,

h) Mitwirkung und Begutachtung von Zulassungsanträgen gegenüber den Justizverwaltungen,

i) Bekämpfung von Mißbräuchen auf dem Gebiet der Rechtsberatung und des unlauteren Wettbewerbs."[106]

---

[106] § 2 Abs.2 der Satzung des Bundesverbandes Deutscher Inkassounternehmen e.V.

4.5.1.3 Mitgliederzahl des Bundesverbandes Deutscher Inkasso-Unternehmen e.V.

Der Verband zählte im Jahre 2006 512 Mitglieder was rund 70% der zugelassenen Inkassounternehmen in Deutschland entspricht.

Jahr	Zahl der Mitglieder im BDIU	Zugelassene Inkassounternehmen in Deutschland (geschätzt)	Anteil der durch den BDIU vertretenen Inkassounternehmen in Deutschland
1991	300	450	67%
1992	330	500	66%
1993	330	550	60%
1994	330	550	60%
1995	330	550	60%
1996	350	550	64%
1997	390	600	65%
1998	420	625	67%
1999	440	650	68%
2000	461	650	71%
2001	466	650	72%
2002	474	675	70%
2003	484	675	72%
2004	503	675	75%
2005	505	725	70%
2006	512	725	71%

Tabelle 2: Mitgliederentwicklung des BDIU

Vgl. BDIU, online: Entwicklung der Mitglieder des BDIU und der Inkasso-Unternehmen in der Bundesrepublik Deutschland, http://www.bdiu.de/, 22.02.2007

Der Verband vertritt einen in den letzten 15 Jahren stabilen Anteil von rund 70% der zugelassenen Inkassounternehmen. Die Zahl der Mitglieder des BDIU wächst somit gleichermaßen mit der Zunahme an zugelassenen Inkassounternehmen.

4.5.2 Bundesverband Deutscher Rechtsbeistände / Rechtsdienstleister e.V.

Der Bundesverband Deutscher Rechtsbeistände/Rechtsdienstleister e.V. nimmt nicht nur Inkassounternehmen auf, sondern es können alle Erlaubnisinhaber nach dem Rechtsberatungsgesetz aufgenommen werden.[107]

---

[107] Vgl. § 3 Abs.2 der Satzung des Bundesverbandes Deutscher Rechtsbeistände/Rechtsdienstleister e.V.

4.5.2.1 Zweck des Bundesverbandes Deutscher Rechtsbeistände / Rechtsdienstleister e.V.

Der BDR gibt in seiner Satzung folgenden Zweck des Vereines an:

„Der Verband wahrt die Berufsinteressen der Rechtsbeistände (...) und der Erlaubnisinhaber nach dem Rechtsberatungsgesetz".[108]

Die Ziele der berufspolitischen Arbeit sind die Verbesserung der Voraussetzungen für die Erlaubnisinhaber nach dem Rechtsberatungsgesetz durch Einflussnahme auf die zuständigen Organe der Gesetzgebung und Verwaltung.[109]

4.5.2.2 Aufgaben des Bundesverbandes Deutscher Rechtsbeistände / Rechtsdienstleister e.V.

Zur Zielerreichung hat sich der Verband eine Reihe von Aufgaben gestellt:

„a) Pflege der kollegialen Zusammenarbeit und beruflichen Verständigung;

b) Herausgabe einer juristischen Fachzeitschrift und anderer Schriften zur Unterrichtung der Mitglieder und zur Aufklärung der Allgemeinheit über die Berufstätigkeit der Erlaubnisträger;

c) laufende Unterrichtung über berufliche Fragen, Abhaltung von Förderungskursen und Ausbildung des Nachwuchses;

d) Förderung und Unterstützung aller Maßnahmen zur Schaffung sozialer Sicherungen für die angeschlossenen Mitglieder;

e) Schlichtung von Streitigkeiten unter den Mitgliedern;

f) Verpflichtung der Mitglieder zu einer würdigen und standesgemäßen Berufsausübung;

g) Ausübung der Schlichtungstätigkeit (...)

---

[108] § 3 Abs.2 der Satzung des Bundesverbandes Deutscher Rechtsbeistände/Rechtsdienstleister e.V.
[109] Vgl. BDR, online: Aufgaben und Ziele des BDR, http://www.rechtsbeistand.de/wir_uber_uns.html, 07.03.2007

h) Bearbeitung von Berufsfragen und Vertretung der Berufsinteressen gegenüber der Öffentlichkeit, den Bundes- und Landesbehörden, Verbänden und Dritten;

i) Förderung von Gesetzgebung und Rechtspflege im Interesse des Berufsstandes und der rechtsuchenden Bevölkerung;

j) Mitwirkung und Begutachtung von Zulassungsanträgen gegenüber den Justizverwaltungen;

k) Bekämpfung von Missbräuchen auf dem Gebiet der Rechtsberatung und des unlauteren Wettbewerbs."[110]

4.5.3 Federation of European Collection Associations

Die Realisierung des europäischen Binnenmarktes und des zunehmenden internationalen Handels führte im Jahre 1994 unter starker Beteilung des Bundesverbandes Deutscher Inkasso-Unternehmen e.V. zur Gründung der Föderation der Europäischen Inkassoverbände, der Federation of European Collection Associations, mit Sitz in Sandefjord, Norwegen.[111]

4.5.3.1 Mitglieder der Federation of European Collection Associations

Die Federation of European Collection Associations umfasst heute die nationalen Inkassoverbände 14 europäischer Staaten:

- Belgien, Belgische Vereniging van Incasso-ondernemingen vzw - Association Belge des sociétés de Recouvrement de (ABR/BVI)

- Deutschland, Bundesverband Deutscher Inkasso-Unternehmen e.V., (BDIU)

- Frankreich, Syndicat National des Cabinets de Recouvrement de Creances et de Renseignements Commerciaux, (ANCR)

- Griechenland, Hellenic Association of Debt Management Companies, (HeADM)

- Großbritannien, Credit Services Association, (CSA)

---

[110] § 2 Abs.2 der Satzung des Bundesverbandes Deutscher Rechtsbeistände/Rechtsdienstleister e.V.

- Italien, Unione Nazionale Imprese Recupero crediti E informazioni Commerciali, (U.N.I.R.E.C.)

- Niederlande, Nederlandse Vereniging van Incasso-Ondernemingen, (NVI)

- Norwegen, Norske Inkassobyråers Forening, (NIF)

- Polen, Związek Firm Windykacynych i Wywiadowni Gospodarczych

- Portugal, Associaçâo Portuguesa de Gestâo e Recuperaçâo de Créditos, (APERC)

- Spanien, The Spanish Accociation of Collection Entities (Asociaciòn Nacional de Entitades de Gestiòn de Cobro), (ANGECO)

- Schweden, Svenska Inkassoföreningen

- Schweiz, Verband Schweizerischer Inkassotreuhandinstitute, (VSI)

- Tschechische Republik, Asociace inkasních agentur, (AIA)[112]

4.5.4 European Collectors Association

Die European Collectors Association mit Sitz in Stockholm, Schweden, besteht aus jeweils nur einem Mitglied je Staat und hat die Aufgabe, Inkassoaufträge grenzüberschreitend zwischen den Mitgliedern zu koordinieren.[113]

Deutsches Mitglied ist die Kasolvenzia Inkasso Deutschland GmbH, mit Sitz in Bad Rappenau.[114]

---

[111] Vgl. Ohle, C. in Seitz, W.: Inkasso-Handbuch, hrsg. von Seitz, W., 3. Aufl., München 2000, RdNr.21
[112] Vgl. FENCA, online: FENCA-Members, http://www.fenca.com/members.asp, 07.03.2007
[113] Vgl. Dietrich, B.: Inkasso Unternehmungen, München 1986, S.27
[114] Vgl. ECA, online: Mitglieder, http://www.eca.nu/index.html, 11.03.2007

4.6 Tätigkeiten der Inkassounternehmen

Abbildung 4: Beispiel eines Inkassoablaufs mit Einsatz von Außendienstmitarbeitern

Vgl. Terschüren, J.: Erfolgreiches Inkasso-Management, in: RATINGaktuell 05/2005, S.13

Die angebotenen Tätigkeiten umfassen in der Regel alle chronologisch ablaufenden Stadien einer Forderung. Von der Überwachung von Zahlungseingängen, über die Anmahnung und Einziehung, gerichtlichen Titulierung unter Beauftragung eines Rechtsanwaltes bis zum Einzug der titulierten Forderungen und, sollte diese zeitweilig unmöglich sein, auch deren Überwachung. Manche Inkassounternehmen kaufen Forderungen in den verschiedenen Stadien auch an.

4.6.1 Überwachung von Zahlungseingängen

Die Überwachung von Zahlungseingängen erfolgt entweder nach der Informierung des Schuldners über die Einschaltung des Inkassounternehmens und der Aufforderung der Leistung auf ein Treuhandkonto des Inkassounternehmens oder wenn das Inkassounternehmen generell Einsicht in die Forderungen und Zahlungseingänge des Gläubigers, wie beispielsweise bei einem zu einem Konzern gehörenden Inkassounternehmen, hat. Die Überwachung der Zahlungseingänge bestimmt auch, zu welchem Zeitpunkt welche Maßnahmen ergriffen werden. Große Bedeutung hat die Überwachung der Zahlungseingänge auch unter dem Aspekt der Verjährung und einer daraus möglicherweise resultierenden Haftung des Inkassounternehmens.[115]

4.6.2 Einzug nicht-titulierter Forderungen

Der Einzug nicht-titulierter Forderungen bildet den Schwerpunkt der Tätigkeit von Inkassounternehmen.[116]

Grundsätzlich übernehmen Inkassounternehmen nur Forderungen, die vom Schuldner unbestritten sind. Zwar erstreckt sich die Erlaubnis als Inkassounternehmer nach dem Rechtsberatungsgesetz auf den außergerichtlichen Einzug aller Forderungen, unabhängig ob diese unbestritten oder ihrem Grunde oder der Höhe nach vom Schuldner bestritten werden,[117] jedoch bereits das Reichsjustizministerium schränkte den Einzug auf unbestrittene Forderungen ein.[118] Inkassounternehmen beschränken sich streng auf den Einzug unbestrittener Forderungen, da bestrittene Forderungen nicht im durchorganisierten und automatisierten Betriebsablauf bearbeitet werden können und sich als „Sand im Getriebe" darstellen würden.[119]

Dienen die Einwendungen des Schuldners jedoch nur einem Hinhalten, kann die Einschaltung eines Inkassounternehmens auch für bestrittene Forderungen vertretbar sein.[120]

Die Inkassobearbeitung beginnt mit der Legitimation des Inkassounternehmens gegenüber dem Schuldner und der Zahlungsaufforderung. Je nach Bedarf beschafft sich das Inkassounternehmen Informationen über den Schuldner und

---

[115] Vgl. David, P.: Zusammenarbeit mit Inkassounternehmen, 4. Aufl., München 1996, S.12f.
[116] Vgl. David, P.: Zusammenarbeit mit Inkassounternehmen, 4. Aufl., München 1996, S.12f.
[117] siehe 4.2.1
[118] Umfang der Erstattung von Kosten, die durch die Inanspruchnahme eines Inkassobüros entstehen, Allgemeine Verfügung des Reichsjustizministeriums vom 24.10.1941, Teil A1, in Deutsche Justiz 44/1941, S.1022
[119] Vgl. Jäckle, W.: Die Erstattungsfähigkeit der Kosten eines Inkassobüros, Berlin 1978, S.19
[120] Vgl. Staudinger Kommentar zum BGB – Löwisch, Berlin 2004, § 286 BGB, RdNr. 222

ergreift dann entsprechende Maßnahmen wie individuell zugeschnittener Schriftwechsel, Telefoninkasso und Schuldnerbesuche. Sollte eine vollständige Zahlung nicht unmittelbar erreicht werden, versucht das Inkassounternehmen eine Ratenzahlungsvereinbarung, eine Sicherung der Forderung durch Sicherungsabtretungen von Gehaltsforderungen oder ein Schuldanerkenntnis zu erzielen.[121]

4.6.3 Titulierung – gerichtliche Geltendmachung von Forderungen

Scheitern die vorgenannten außergerichtlichen Maßnahmen zum Forderungseinzug, leitet das Inkassounternehmen gerichtliche Maßnahmen mit dem Ziel der Erwirkung eines Titels ein.[122] Voraussetzung ist jedoch das Einverständnis des Gläubigers.

Da die Erlaubnis der Inkassounternehmen auf den außergerichtlichen Forderungseinzug beschränkt ist,[123] benötigen Inkassounternehmen einen Rechtsanwalt für alle gerichtlichen Maßnahmen, solange sie Forderungen auf fremde Rechnung einziehen. Im Falle einer Abtretung darf das Inkassounternehmen auch ohne zu Hilfenahme eines Rechtsanwalts mit Gerichten interagieren, also selbst gerichtliche Mahnverfahren anstrengen oder vor Amtsgerichten selbst postulieren.[124] Rudolff zum Beispiel zeichnet, entgegen der herrschenden Meinung in Rechtsprechung und Literatur, in seiner Untersuchung ein differenzierteres Bild der Rechtslage und stellt dar, dass der Begriff außergerichtlich auch dahingehend restriktiv interpretiert werden kann, dass Inkassounternehmen auch keine Anwälte mit der gerichtlichen Geltendmachung von fremden Forderungen beauftragen dürfen.[125] Ebenso restriktiv beurteilt das Oberlandesgericht Karlsruhe 1987 die rechtliche Lage und sieht „die Reichweite des den Inkassounternehmen gesetzlich zugeordneten Tätigkeitsbereichs (..) durch die Heranziehung eines Rechtsanwaltes unberührt."[126]

In der Regel wird zuerst das gerichtliche Mahnverfahren eingeleitet, das wenn erfolgreich, zum Vollstreckungsbescheid führt. Rund 80% aller Titel sind

---

[121] Vgl. David, P.: Zusammenarbeit mit Inkassounternehmen, 4. Aufl., München 1996, S.70ff.
[122] Vgl. David, P.: Zusammenarbeit mit Inkassounternehmen, 4. Aufl., München 1996, S.72
[123] siehe 4.2.1
[124] Vgl. Seitz, W. in Seitz, W.: Inkasso-Handbuch, hrsg. von Seitz, W., 3. Aufl., München 2000, RdNr.132
[125] Vgl. Rudolff, T.: Ausgewählte Rechtsfragen der Inkassounternehmen, Frankfurt am Main 1997, S. 52ff.

Vollstreckungsbescheide und ein weiterer beträchtlicher Anteil der Titel sind Versäumnisurteile.[127]

4.6.4 Einzug titulierter Forderungen

Der Rechtsausschuss des Bundestages war zumindest 1980 der Meinung, dass die Einziehung ausgeklagter Forderungen einen Schwerpunkt der Tätigkeit von Inkassounternehmen darstellt.[128] David sieht jedoch 1996 den Schwerpunkt im Einzug nicht-titulierter Forderungen.[129]

Der Einzug titulierter Forderungen verläuft anfangs parallel dem Einzug nicht-titulierter Forderungen. Zunächst wird der Schuldner unter Hinweis auf den Titel erneut zur Zahlung aufgefordert. Sollte der Schuldner nach wie vor nicht leisten, wird das Inkassounternehmen eine Vollstreckung einleiten. Die Beauftragung eines Gerichtsvollziehers stellt keine gerichtliche Maßnahme dar und darf deshalb zweifelsfrei von Inkassounternehmen vorgenommen werden.[130]

4.6.5 Überwachung titulierter zeitweilig uneinbringlicher Forderungen

Ist eine titulierte Forderung zumindest zeitweilig uneinbringlich, überwacht das Inkassounternehmen den Schuldner. Dessen finanzielle Situation verbessert sich möglicherweise, weshalb das Inkassounternehmen eine periodische Überprüfung der Einkommens- und Vermögensverhältnisse vornimmt.[131]

Die Verjährungsfrist bei titulierten Forderungen beträgt 30 Jahre.[132] Dadurch macht das Überwachungsverfahren auch bei zeitweilig uneinbringlichen Forderungen wirtschaftlich Sinn.

4.6.6 Ankauf von Forderungen

Der Ankauf von Forderungen stellt ein zunehmendes Geschäftsfeld von Inkassounternehmen dar. Zur Risikostreuung kaufen Inkassounternehmen in der Regel Pakete von Forderungen mit mindestens 10-20 an. Da hier das Inkassounternehmen das volle Risiko des Forderungsausfalls trägt, erhält der

---

[126] OLG Karlsruhe, BB 1987, 1767
[127] Vgl. David, P.: Zusammenarbeit mit Inkassounternehmen, 4. Aufl., München 1996, S.73
[128] Vgl. BT-Drucksache 8/4277 S.22
[129] siehe 4.6.2
[130] Vgl. David, P.: Zusammenarbeit mit Inkassounternehmen, 4. Aufl., München 1996, S.74
[131] Vgl. David, P.: Zusammenarbeit mit Inkassounternehmen, 4. Aufl., München 1996, S.75

Gläubiger je nach Bonität des Schuldners, Höhe und Alter der Forderung und der Aussicht auf Realisierung der Forderung einen Betrag, der deutlich unter dem Nennwert der Forderung liegt.[133] Dietrich gibt den Ankaufspreis, aufgrund seiner Untersuchungen, mit 4 bis 15% des Nennwerts der angekauften Forderung an.[134] Jäckle gibt einen Wert von rund 5% an.[135]

4.7 Beziehungsdreieck – Inkassounternehmen, Gläubiger und Schuldner

Das Beziehungsgeflecht zwischen Inkassounternehmen, Gläubiger und Schuldner können als Dreieck dargestellt werden, wobei die Beziehung aus Sicht des Inkassounternehmen zwischen Inkassounternehmen und Gläubiger aufgrund des zwischen ihnen bestehenden Vertragsverhältnisses als Innenverhältnis und das des Inkassounternehmens und des Gläubigers zum Schuldner als Außenverhältnis bezeichnet wird.

Abbildung 5: Beziehungsdreieck - Inkassounternehmen, Gläubiger und Schuldner

Vgl. Seitz, W. in Seitz, W.: Inkasso-Handbuch, hrsg. von Seitz, W., 3. Aufl., München 2000, RdNr.117

---

[132] § 197 BGB
[133] Vgl. David, P.: Zusammenarbeit mit Inkassounternehmen, 4. Aufl., München 1996, S.76
[134] Vgl. Dietrich, B.: Inkasso Unternehmungen, München 1986, S.11
[135] Vgl. Jäckle, W.: Die Erstattungsfähigkeit der Kosten eines Inkassobüros, Berlin 1978, S.37

Liegt jedoch zwischen Inkassounternehmen und Gläubiger nur eine Einziehungsvollmacht[136] vor, spricht man von einem Kettenverhältnis, da die Handlungen des Inkassounternehmens unmittelbar für und gegen den Gläubiger wirken.[137]

Analog könnte auch bei einer Vollabtretung[138] von einem Kettenverhältnis gesprochen werden, jedoch in zeitlicher Hinsicht.

Abbildung 6: Kettenbeziehung - Gläubiger, Inkassounternehmen und Schuldner bei Vollabtretung

4.7.1 Innenverhältnis - Vertragsverhältnis zwischen Gläubiger und Inkassounternehmen

Der Vertrag zwischen Gläubiger und Inkassounternehmen wird in der Regel als Geschäftsbesorgungsvertrag im Sinne des § 675 BGB angesehen. Der Geschäftsbesorgungsvertrag kann grundsätzlich mit Dienst- und Werkvertragscharakter ausgestaltet sein. Allgemein wird der Inkassovertrag als Geschäftsbesorgungsvertrag mit Dienstvertragscharakter betrachtet. Ausgehend von § 675 BGB sind zwei Tatbestandsmerkmale für einen Geschäftsbesorgungsvertrag notwendig:

- ein abgeschlossener Dienst- oder Werkvertrag
- der Vertrag hat eine Geschäftsbesorgung zum Gegenstand[139]

Der Vertrag wird in der Regel nicht individuell vereinbart, sondern hat Allgemeine Geschäftsbedingungen zur Grundlage. Zumindest die Mitglieder des Bundesverbandes Deutscher Inkasso-Unternehmen e.V. greifen auf das vom BDIU zur Verfügung gestellte Muster von AGB zurück. Im allgemeinen

---

[136] siehe 4.7.2
[137] Vgl. Seitz, W. in Seitz, W.: Inkasso-Handbuch, hrsg. von Seitz, W., 3. Aufl., München 2000, RdNr.116ff.
[138] siehe 4.7.2
[139] Vgl. Seitz, W. in Seitz, W.: Inkasso-Handbuch, hrsg. von Seitz, W., 3. Aufl., München 2000, RdNr.167f.

beschränken sich Änderungen einzelner Inkassounternehmen auf formale Punkte bzw. die Vergütung. Wichtigste enthaltene Punkte der AGB sind:

- ein Hinweis, dass nur unbestrittene Forderungen zum Einzug angenommen werden
- Beschreibung der vereinbarten Tätigkeit der Inkassounternehmen
- Vereinbarung über einzuleitende Maßnahmen bei erfolglosem außergerichtlichen Einzug
- Vergütungssätze inklusive Regelung der Kosten im Falle eines erfolglosen Forderungseinzugs und des Abrechnungsmodus
- Ausschluss bzw. Beschränkung der Haftung des Inkassounternehmens; insbesondere bezüglich der Verjährungskontrolle
- Gerichtsstandsvereinbarung

Die Praxis der Inkassounternehmen auf die Muster-AGB des BDIU zurückzugreifen, ohne diese inhaltlich, abgesehen von der Vergütung, zu verändern und der Inhalt der AGB haben der Literatur zufolge, Hoene 1971[140], Jäckle 1978[141] und David 1996[142], seit vielen Jahrzehnten bestand.

4.7.2 Außenverhältnis - Verhältnis des Inkassounternehmens zum Schuldner

Die Rechtsstellung des Inkassounternehmens wird zwar durch das Vertragsverhältnis mit dem Gläubiger begründet, entfaltet jedoch vornehmlich seine Wirkung im Außenverhältnis gegenüber dem Schuldner. Aus der Gestaltung des Vertragsverhältnisses zwischen Inkassounternehmen und Gläubiger entscheidet über die Berechtigung des Inkassounternehmens gegenüber dem Schuldner. Es sind vier Formen zu unterscheiden:

- Vollabtretung – Forderungskauf
- fiduziarische Vollabtretung – Inkassozession

---
[140] Vgl. Hoene, E.: Präventiver Kreditschutz und Zwangsvollstreckung durch Private, hrsg. von: Hirsch, E.; Rehbinder, M., Berlin 1971, S. 135f.
[141] Vgl. Jäckle, W.: Die Erstattungsfähigkeit der Kosten eines Inkassobüros, Berlin 1978, S.24f.
[142] Vgl. David, P.: Zusammenarbeit mit Inkassounternehmen, 4. Aufl., München 1996, S.65

- Einziehungsermächtigung

- Inkassovollmacht

Bei der Vollabtretung wird das Inkassounternehmen in uneingeschränktem Umfang neuer Gläubiger gegenüber dem Schuldner.

In Folge einer fiduziarischen Vollabtretung tritt das Inkassounternehmen in eigenem Namen gegenüber dem Schuldner auf, die Forderungseinziehung erfolgt jedoch auf Rechnung des Treugebers.

Handelt das Inkassounternehmen mit einer Einziehungsermächtigung, also nur einem übertragenen Forderungsausschnitt, kann es die Forderung aufgrund dessen gegenüber dem Schuldner geltend machen.

Liegt eine Berechtigung des Inkassounternehmens durch eine Einziehungsvollmacht vor, handelt das Inkassounternehmen gegenüber dem Schuldner im Namen und mit Vollmacht des Gläubigers.[143]

4.8 Wirtschaftlichkeitsbetrachtung der Funktionsübertragung des Forderungseinzugs an Inkassounternehmen

Entscheidend über die Beauftragung eines Inkassounternehmens mit der Einziehung ausstehender Forderungen ist der Kostenvergleich zwischen der internen Ausübung des Inkassos und der nach extern übertragenen Inkassofunktion und die jeweilige Erfolgsquote an eingezogenen Forderungen in Anzahl und anteiliger Höhe.[144]

Neben der Betrachtung der aktuellen wirtschaftlichen Aspekte des Forderungseinzugs gibt es auch erst auf lange Sicht bemerkbare Effekte durch eine psychologische Wirkung des Forderungseinzugs auf den Schuldner. Durch die Übernahme des Forderungseinzugs durch ein Inkassounternehmen und durch dessen Ansprache des Schuldners projiziert dieser seine möglicherweise negativen Gefühle auf das Inkassounternehmen und nicht auf den Gläubiger,

---

[143] Vgl. Seitz, W. in Seitz, W.: Inkasso-Handbuch, hrsg. von Seitz, W., 3. Aufl., München 2000, RdNr.339ff.
[144] Vgl. Stahrenberg, C.: Effektivität des externen Inkassos: ein Beitrag zur Ausgliederung betrieblicher Funktionen, Berlin 1995, S.42f.

was negative Auswirkungen auf das zukünftige Geschäftsverhältnis zwischen Gläubiger und Schuldner vermeiden kann.[145]

Bei dem Kostenvergleich sind die Kosten einer internen Inkassofunktion, einer sogenannten Hierarchielösung, mit den Transaktionskosten plus der Vergütung für das Inkassounternehmen, wobei diese unter Umständen der Schuldner erstatten muss, zu vergleichen.

In folgender Tabelle sind die relevanten Faktoren bei einer Hierarchielösung denen bei einer Funktionsübertragung des Forderungseinzugs an ein Inkassounternehmen gegenübergestellt:

Hierarchielösung	**Funktionsübertragung an Inkassounternehmen**
Interne Bearbeitungskosten (Personal, Verwaltungskosten usw.) (Erstattung durch den Schuldner i.d.R. ausgeschlossen[146])	Transaktionskosten[147]
	Vergütung des Inkassounternehmens – Erstattung durch Schuldner[148]
Effizienz des internen Forderungseinzugs	Effizienz des Forderungseinzugs durch ein Inkassounternehmen

Tabelle 3: Vergleich: Hierarchielösung des Forderungseinzugs - Funktionsübertragung des Forderungseinzugs an ein Inkassounternehmen

Bei dem Sonderfall eines zu einem Konzern gehörenden Inkassounternehmens ist dieses am ehesten, aus Kostensicht, einer Hierarchielösung zuzuordnen.

---

[145] Vgl. David, P.: Zusammenarbeit mit Inkassounternehmen, 4. Aufl., München 1996, S.16
[146] siehe 5
[147] siehe 4.8.1
[148] siehe 5

4.8.1 Transaktionskosten der Funktionsübertragung des Forderungseinzugs an Inkassounternehmen

Transaktionskosten sind alle Kosten, die bei der Nutzung des Marktes, also hier der Inanspruchnahme des Forderungseinzugs durch Inkassounternehmen, entstehen:

- Anbahnungskosten (Identifikation und Vergleich von Inkassounternehmen und deren Konditionen)

- Vereinbarungskosten (Verhandlung, Vertrag)

- Kontroll- und Anpassungskosten (Überwachung der Abrechnung der Vergütung des Inkassounternehmens und der vom Schuldner erstatteten Kosten und ob Zahlungen des Schuldners auf Treuhandkonten des Inkassounternehmen weitergereicht wurden, Vertragsanpassungen)

Diese Kosten lassen sich nur schwer messen. Der Transaktionskosten-Ansatz untersucht Transaktionen auf die Ausprägung von fünf Merkmalen, wodurch die Transaktionskosten besser abgeschätzt, beziehungsweise qualitative Aussagen für oder gegen eine Funktionsübertragung gemacht werden können. Die Merkmale einer solchen Transaktion sind:

- Spezifität: der Forderungseinzug ist eine standardisierte Dienstleistung mit geringer Spezifität

- Unsicherheit/Komplexität: eine klar beschreibbare Dienstleistung und das Feststehen aller möglichen Reaktionen durch den Schuldner und die Möglichkeit alle entsprechenden Reaktionen durch das Inkassounternehmen im Vorfeld zu vereinbaren, sprechen für geringe Unsicherheit, jedoch ist eine Kontrolle opportunistischen Verhaltens des Inkassounternehmens schwierig

- Transaktionsatmosphäre: die soziokulturellen und technologischen Faktoren können im Einzelfall sehr unterschiedlich sein und hängen von der Zusammenarbeitsdauer zwischen Gläubiger und Inkassounternehmen und deren Beziehung ab

- Bedeutung: die Bedeutung des Forderungseinzugs ist sehr hoch, unabhängig um es sich um einzelne sehr hohe oder viele kleine Forderungen handelt[149]

- Transaktionshäufigkeit: die Transaktionshäufigkeit kann sehr unterschiedlich sein und erscheint im Bereich des Forderungseinzugs als nicht für eine bestimmte Lösung sprechendes Merkmal, da Kostendegressionseffekte beim Gläubiger als auch beim Inkassounternehmen zum Tragen kommen

Zusammenfassend lässt sich sagen, dass eine niedrige Ausprägung der Merkmale Spezifität und Unsicherheit und eine gute Transaktionsatmosphäre für eine Funktionsübertragung des Forderungseinzugs an ein Inkassounternehmen sprechen.[150]

Neue Technologien im Informationsbereich haben einen großen Einfluss auf die Merkmale der Transaktion. Durch standardisierte Verfahren kann der Forderungseinzug zu großen Teilen automatisiert werden, wodurch die relative Spezifität abnimmt und Skaleneffekte bei einer steigenden Transaktionshäufigkeit zunehmen. Unter diesem Aspekt sprechen neue Technologien in der Vergangenheit und in der Zukunft tendenziell für eine Funktionsübertragung des Forderungseinzugs an Inkassounternehmen.[151]

4.8.2 Vergütung von Inkassounternehmen

Vergütung beschreibt die Entlohnung von Inkassounternehmen für Ihre Dienstleistungen und umfasst erfolgabhängige und erfolgsunabhängige Komponenten und die Auslagen der Inkassounternehmen.[152]

Das Oberlandesgericht Karlsruhe bezeichnet die Erlaubnis der freien Vereinbarkeit der Vergütung, neben der zugelassenen Werbung, als Ausdruck des gewerblichen Charakters von Inkassounternehmen.[153]

---

[149] siehe 2.1.2.1
[150] Vgl. Bea, F.; Haas, J.: Strategisches Management, hrsg. von: Bea, F.; Dichtl, E.; Schweitzer, M., 3. Aufl., Stuttgart 2001
[151] Vgl. Dietl, H.; Franck, E.; Picot, A.: Organisation, 4. Aufl., Stuttgart 2005
[152] Vgl. Seitz, W. in Seitz, W.: Inkasso-Handbuch, hrsg. von: Seitz, W., 3. Aufl., München 2000, RdNr.243
[153] Vgl. OLG Karlsruhe, BB 1987, 1767

Bei dem häufig anzutreffenden Terminus der Inkassogebühren handelt es sich um einen verwaltungsrechtlichen Begriff, der bei dem zivilrechtlichen Schuldverhältnis zwischen Gläubiger und Inkassounternehmen unzutreffend ist. Jäckle vermutet, dass Inkassounternehmen ihn trotzdem gerne benutzen, „da hierdurch möglicherweise Assoziationen zu den Anwaltsgebühren geweckt werden."[154]

Eine mögliche spätere Erstattungsfähigkeit der Inkassokosten spielt eine entscheidende Rolle bei der Festlegung der Höhe der Vergütung, da ein Gläubiger seine Kosten für die Beauftragung eines Inkassounternehmens natürlich vom Schuldner erstattet möchte.

In der Praxis gibt es zwei Systeme zur Festlegung der Vergütung von Inkassounternehmen. Die erste lehnt sich an die Allgemeine Verfügung des Reichsjustizministeriums vom 24.10.1941 und die zweite an das Rechtsanwaltsvergütungsgesetz an, auch wenn dieses ausdrücklich nicht für Inkassounternehmen gilt.[155]

4.8.2.1 Vergütung der Inkassounternehmen in Anlehnung an die Allgemeine Verfügung des Reichsjustizministeriums vom 24.10.1941

Die Allgemeine Verfügung des Reichsjustizministeriums vom 24.10.1941 sieht folgende Vergütungselemente vor:

- eine Vergütung für die erste Bearbeitung der Forderung in Höhe von 3% der Forderung; bei Forderungen unter 100 RM bis zu 3 RM

- eine Vergütung für die Ermittlung der Anschrift eines Schuldners bis zu 1,50 RM

- eine Erfolgsvergütung in Höhe von

    - 10% bei nicht ausgeklagten Forderungen

    - 30% bei ausgeklagten Forderungen

---

[154] Jäckle, W.: Die Erstattungsfähigkeit der Kosten eines Inkassobüros, Berlin 1978, S.40
[155] Vgl. Seitz, W. in Seitz, W.: Inkasso-Handbuch, hrsg. von Seitz, W., 3. Aufl., München 2000, RdNr.249f.

- o 40% bei allen übrigen Forderungen (z.B. verjährte Forderungen, Konkursforderungen)

- eine Erfolgsvergütung für die Sicherstellung einer Forderung[156]

In Höhe und ergänzend einer Vergütung für erfolglose Beitreibungsbemühungen haben sich die anzutreffenden Vergütungsvereinbarungen von der Allgemeine Verfügung des Reichsjustizministeriums vom 24.10.1941 verändert.[157]

4.8.2.2 Vergütung der Inkassounternehmen in Anlehnung an die Rechtsanwaltsgebühren

Das Rechtsanwaltsvergütungsgesetz sieht für die außergerichtliche Geltendmachung von Forderungen eine Geschäftsgebühr von 0,5 bis 2,5 Gebühren vor.[158] Diese wird mit einer Gebühr entsprechend dem Streitwert multipliziert.

4.8.2.3 Vergütung der Inkassounternehmen bei Inanspruchnahme eines Rechtsanwalts zur gerichtlichen Geltendmachung von Forderungen

Sollten die vorgerichtlichen Beitreibungsbemühungen des Inkassounternehmens erfolglos bleiben und ein Rechtsanwalt nach Absprache oder aufgrund einer vorherigen vertraglichen Vereinbarung beauftragt werden, muss der Gläubiger neben der Vergütung des Inkassounternehmens auch die Rechtsanwaltsgebühren begleichen. Sollten auch die Bemühungen des Rechtsanwaltes erfolglos bleiben, können die Rechtsanwaltskosten auf einen Pauschalbetrag gekürzt werden.[159]

---

[156] Vgl. Umfang der Erstattung von Kosten, die durch die Inanspruchnahme eines Inkassobüros entstehen, Allgemeine Verfügung des Reichsjustizministeriums vom 24.10.1941, Teil A1, in Deutsche Justiz 44/1941, S.1023
[157] Vgl. Jäckle, W.: Die Erstattungsfähigkeit der Kosten eines Inkassobüros, Berlin 1978, S.41
[158] Vgl. Anl.1 Nr.2400 RVG
[159] Vgl. Jäckle, W.: Die Erstattungsfähigkeit der Kosten eines Inkassobüros, Berlin 1978, S.44

4.8.3 Effizienz von Inkassounternehmen

Die Effizienz des Forderungseinzugs durch Inkassounternehmen stellt neben den Honoraren der Inkassounternehmen[160], der Erstattungsfähigkeit dieser Inkassokosten[161] und der Kosten für die Funktionsübertragung des Forderungseinzugs an Inkassounternehmen[162], einen wichtigen Faktor bei der Entscheidung dar, ob die Funktion des Forderungseinzugs an ein Inkassounternehmen ausgegliedert werden soll.

Die Effizienz der Inkassounternehmen lässt sich nicht als aussagekräftiger Durchschnittswert angeben, aufgrund der Heterogenität der Schuldner und der Forderungsstrukturen.[163]

In der Literatur finden sich weit von einander abweichende Zahlen über die Erfolgsquoten der Inkassounternehmen. Folgende Tabelle gibt eine Auswahl dieser Erfolgsquoten wieder:

---

[160] siehe 4.8.2
[161] siehe 5.1
[162] siehe 4.8
[163] Vgl. Jäckle, W.: Die Erstattungsfähigkeit der Kosten eines Inkassobüros, Berlin 1978, S.39

Quelle	Erfolgsquote	Anmerkung
v. Stackelberg (1965)[164]	40-50%	keine Angaben in welchem Beitreibungsverfahren
Hoene (1971)[165]	60-80%	vorgerichtlicher Bereich
Finke (1973)[166]	90-99%	gesamtes Beitreibungsverfahren „über 30 Jahre hinweg "mit „härtester Beitreibungsarbeit"
Jäckle (1978)[167]	20-30% bzw. 75-80%	gesamtes Beitreibungsverfahren; Unterscheidung in "gute" und "schlechte" Forderungen
Hauschildt/Stahrenberg (1991)[168]	58,70% 23,5%	stückorientiert, vorgerichtlich wertmäßig, vorgerichtlich
Creditreform (1994)[169] (Stichprobe von 1990)	62,8% 42,7% 76,5% 66,6%	stückorientiert, vorgerichtlich wertmäßig, vorgerichtlich stückorientiert, gerichtlich wertmäßig, gerichtlich
BDIU (2007)[170]	50%	„frische Forderungen"

Tabelle 4: Effizienz der Inkassounternehmen

Jäckle bezeichnet die Angaben von Hoene mit 60-80% und von Finke mit 90-99% als „bezogen auf alle IBs" [Inkassobüros] „mit Sicherheit entschieden zu hoch gegriffen und entbehren einer wissenschaftlich hinreichend fundierten Begründung." Jäckle differenziert sein Urteil über die Effizienz der Inkassounternehmen dahingehend, dass bereits auf die Mahnung 5-10% der Schuldner mit voller Zahlung reagieren und weitere 15-20% langfristig mit Teilzahlungen, was zu einer Erfolgsquote von 20-30% im vorgerichtlichen

---

[164] Vgl. von Stackelberg, C.: Ist der Gläubiger berechtigt, vom Schuldner nach §286 BGB Erstattung der Kosten eines Inkassobüros unter dem Gesichtspunkt des Verzugsschadens zu verlangen?, in Betriebs-Berater 1965, S.892
[165] Vgl. Hoene, E.: Präventiver Kreditschutz und Zwangsvollstreckung durch Private, hrsg. von: Hirsch, E.; Rehbinder, M., Berlin 1971, S. 141
[166] Vgl. Finke, A.: Zur Erstattung von Inkassogebühren, in: NJW 1973, S.1311
[167] Vgl. Jäckle, W.: Die Erstattungsfähigkeit der Kosten eines Inkassobüros, Berlin 1978, S.39
[168] Vgl. Hauschildt, J.; Stahrenberg, C.: Zur Effektivität von Inkasso-Unternehmen, in. Betriebs-Berater 1991, S.6
[169] Vgl. o.V.: Erfolgreiches Inkasso, in: Creditreform 4/1994, S.18f.
[170] Vgl. BDIU, online: Eine Institution mit Tradition: Der BDIU e.V., http://www.bdiu.de/, 06.04.2007

Einziehungsverfahren führt.[171] Fraglich ist jedoch, ob eine Teilzahlung als Erfolg oder nur als Teilerfolg betrachtet werden kann.

Hoenes Angabe über die Erfolgsquote von 1971 basiert auf Angaben von Inkassounternehmen.[172] Finke führt überhaupt keine Quelle beziehungsweise Untersuchungsmethode an.[173] Deshalb ist Jäckles Einschätzung zumindest bezüglich der fehlenden wissenschaftlich hinreichend fundierten Begründung zu teilen. Auch von Stackelberg spricht als Quelle für seine Angabe über die Erfolgsquote nur von „Erfahrungsberichten".[174]

Das Landesgericht Berlin nimmt in einem Urteil von 1995[175] kritisch Stellung zu der Untersuchung von Hauschildt/Stahrenberg. Das LG Berlin bemängelt, dass nur die Forderungen gegen kommunikationsfähige Schuldner berücksichtigt wurden. Hauschildt/Stahrenberg begründen dieses Vorgehen damit, dass es auch anderen nicht möglich gewesen wäre, den Schuldner ausfindig zu machen und dies dem Inkassounternehmen nicht angelastet werden dürfe. Deshalb reduziert das LG Berlin die Erfolgsquote von 59% auf 44%, da die Fallanzahl von 985 auf 790 reduziert wurde. Diese Berechnung ist in ihrem Ergebnis nicht nachvollziehbar, da 59% von 790 Fällen 466 erfolgreiche Fälle ergeben, bei Berücksichtigung der von Hauschildt/Stahrenberg angegebenen 58,7% 467 Fälle, und diese rund 47% Erfolgsquote ergeben. Weiter bemängelt das LG Berlin, dass die wertmäßige Vollzahlungsquote, unter Herausrechnung der nicht auffindbaren Schuldner, nur 9,8% beträgt. Auch dieses Ergebnis ist nicht nachvollziehbar, denn auch bei Berücksichtigung der Gesamtheit von 985 Fällen, würde sich die von Hauschildt/Stahrenberg angegebene stückmäßige Erfolgsquote von 21,3% nur auf 17% reduzieren. Abgesehen davon erscheint es jedoch sinnvoll auch Teilzahlungen anteilig zu berücksichtigen.

Außer Hauschildt/Stahrenberg[176] und Creditreform[177], wobei Creditreform ausdrücklich die Methodik von Hauschildt/Stahrenberg übernommen haben,

---

[171] Vgl. Jäckle, W.: Die Erstattungsfähigkeit der Kosten eines Inkassobüros, Berlin 1978, S.39
[172] Vgl. Hoene, E.: Präventiver Kreditschutz und Zwangsvollstreckung durch Private, hrsg. von: Hirsch, E.; Rehbinder, M., Berlin 1971, S. 141
[173] Vgl. Finke, A.: Zur Erstattung von Inkassogebühren, in: NJW 1973, S.1311
[174] Vgl. von Stackelberg, C.: Ist der Gläubiger berechtigt, vom Schuldner nach §286 BGB Erstattung der Kosten eines Inkassobüros unter dem Gesichtspunkt des Verzugsschadens zu verlangen?, in Betriebs-Berater 1965, S.892
[175] Vgl. LG Berlin, BB 1996, 290
[176] Vgl. Hauschildt, J.; Stahrenberg, C.: Zur Effektivität von Inkasso-Unternehmen, in. Betriebs-Berater 1991, S.3ff.
[177] Vgl. o.V.: Erfolgreiches Inkasso, in: Creditreform 4/1994, S.18

definieren die anderen Quellen ihre zugrundeliegende Methodik der Ermittlung ihrer angegebenen Erfolgsquoten nicht.

Sinnvoll erscheint, nach Stahrenberg, die wertmäßige Erfolgsquote zu definieren als:

$$q = \frac{\text{Wert der eingetriebenen Forderungen}}{\text{Wert aller bearbeiteten Forderungen}}$$

Abbildung 7: Wertmäßige Erfolgsquote
Quelle: Vgl. Stahrenberg, C.: Effektivität des externen Inkassos: ein Beitrag zur Ausgliederung betrieblicher Funktionen, Berlin 1995, S.89

und die stückorientierte Erfolgsquote analog als:

$$q = \frac{\text{Anzahl der eingetriebenen Forderungen}}{\text{Anzahl aller bearbeiteten Forderungen}}$$

Abbildung 8: Stückorientierte Erfolgsquote

Insgesamt lässt sich sagen, dass sich eine genaue Angabe über die Erfolgsquote von Inkassounternehmen nicht treffen lässt. Dazu ist die Forderungsstruktur zu heterogen und die Angaben der Quellen bezüglich ihrer betrachteten Einziehungsphasen und ihrer angegebenen Erfolgsquoten zu unterschiedlich. Aufgrund der verschiedenen Quellen lässt sich lediglich annehmen, dass die Erfolgsquote im vorgerichtlichen Bereich bei 40-60% liegt.

4.9 Image von Inkassounternehmen

Unternehmen, die ihr Forderungsmanagement an Inkassounternehmen übergeben oder dies planen, informieren sich auf sachlicher Ebene zum Beispiel bei ihren Verbänden oder durch entsprechende Literatur. Die öffentliche Wahrnehmung wird jedoch in starkem Maße durch die Medien beeinflusst.

In den Medien wird immer wieder über Inkassounternehmen berichtet. Das sogenannte „Inkasso Team Moskau", das mit dem Slogan „Ihr Schuldner muss kein russisch können – er wird uns auch so verstehen" wirbt, wurde in den vergangen Jahren mehrmals im Fernsehen dargestellt. Unter anderem im ZDF am 22.03.2007, in Sat.1 am 14.03.2007, in hr am 05.03.2007 und in der ARD am 06.09.2006. Es gibt dabei an „kein herkömmliches, normales, zugelassenes Inkassounternehmen" zu sein und dies auch nicht zu wollen.[178]

Es wird hierbei mit Methoden geworben, die über die herkömmlicher Inkassounternehmen hinausgehen und auf psychischem Druck und Furcht basieren. Das Inkasso Team Moskau verfügt über keine Zulassung und gibt an diese auch nicht zu benötigen, da es lediglich Ermittlungen durchführe und keine Forderungen beitreibe. In diesem Zusammenhang ermitteln die Staatsanwaltschaften von Celle und Berlin.[179]

Bilder bei denen Männer mit schwarzen Lederjacken säumige Schuldner zu Hause aufsuchen, sich als Moskauer Inkasso Team vorstellen, und diese zur Zahlung offener Forderungen nötigen, beeinflussen zwangsläufig das öffentliche Image von Inkassounternehmen.

4.10 Zwischenfazit

Inkassounternehmen befinden sich in einem Spannungsfeld zwischen gewinnorientiertem Gewerbeunternehmen und einem zulassungsbedürftigen und überwachten Organ mit einer wichtigen Funktion als Zahlungsausgleichsmittler, der auch Rechtsberatung vornehmen darf. Theoretisch unterliegen die Inkassounternehmen einer strengen Aufsicht der Gerichtspräsidenten und müssen mehrere Voraussetzungen erfüllen. Eine vorgeschriebene Sachkunde kann jedoch mit Hilfe einer Prüfung vor der größten deutschen Interessenvertretung der Inkassounternehmen nachgewiesen werden. Die Inkassounternehmen übernehmen Tätigkeiten, die ursprünglich zur Aufgabe jedes Unternehmens gehören, den Forderungseinzug. Das rechtliche Verhältnis der Beteiligten, Gläubiger, Inkassounternehmen und Schuldner lässt sich je nach Abtretungsvertrag zwischen Gläubiger und Inkassounternehmen als Dreieck oder Kette beschreiben. Grundsätzlich steht am Anfang der Entscheidung ob ein Inkassounternehmen beauftragt werden

---

[178] Vgl. Inkasso Team Moskau, online: Aktuelles + Presse, http://www.moskau-inkasso.com/inkasso_aktuelles/aktuelles.html, 06.04.2007
[179] Vgl. Celler Blickpunkt, online: Moskau-Inkasso: „Illegal und uneffektiv", "http://www.celler-blickpunkt.de/ausgaben/2004/august/CB_5.pdf, 06.04.2007

soll natürlich die Frage nach der Wirtschaftlichkeit. Problematisch dabei ist die Multivariabilität der Entscheidung, aber die Effizienz des Forderungseinzugs des Gläubigers bzw. des Inkassounternehmens, die Kosten der Funktionsübertragung, die Vergütung der Inkassounternehmen und insbesondere eine mögliche Erstattungsfähigkeit der Kosten durch den Schuldner, die in Kapitel 5 untersucht wird, sind wohl in den meisten Fällen ausschlaggebend.

5 Erstattungsfähigkeit von Inkassokosten

5.1 Bedeutung der Erstattungsfähigkeit von Inkassokosten

Die Erstattungsfähigkeit der Inkassokosten spielt eine entscheidende Rolle für die Frage ob ein Inkassounternehmen beauftragt wird. Im Falle der Nicht-Erstattungsfähigkeit, oder eventuell sogar schon im Zweifel, entscheidet sich ein Gläubiger eher für die Beauftragung eines Rechtsanwaltes zur Forderungsbeitreibung, als bei einer Erstattungsfähigkeit.[180]

Das bedeutet, dass die Antwort auf die Frage nach der Erstattungsfähigkeit von Inkassokosten über das to be or not to be von Inkassounternehmen entscheidet.

5.2 Grundsätze der Erstattungsfähigkeit von Inkassokosten

5.2.1 Grundsatz der Erstattungsfähigkeit von Rechtsverfolgungskosten

Sedes materiae ist § 286 BGB. Der Gläubiger hat aus § 280 Abs.2 BGB unter den Voraussetzungen des § 280 Abs.1 BGB und eben § 286 BGB Anspruch auf Schadenersatz wegen Verzögerung der Leistung gegen den Schuldner. Zu diesen Kosten zählen auch die Rechtsverfolgungskosten wie die Beauftragung eines Rechtsanwaltes oder eines Inkassounternehmens. Eine solche Beauftragung entspricht grundsätzlich dem adäquaten Kausalverlauf.[181]

Dabei sind grundsätzlich alle mit dem Verzug verbunden Schäden, auch die Kosten eines Inkassounternehmens, in vollem Umfang entsprechend der Totalreparation des § 249 BGB zu ersetzen.[182]

---

[180] siehe 4.8
[181] Vgl. Palandt Kommentar zum BGB – Heinrichs, München 2007, § 286 BGB, RdNr.4ff.
[182] Vgl. Löwisch, M.: Inkassokosten als Verzugsschaden, in NJW 1986, S.1725

5.2.2 Grundsatz der Obergrenze der Erstattungsfähigkeit von Inkassokosten

Grundsätzlich gilt für die Obergrenze der Erstattungsfähigkeit die Schadensminderungspflicht des § 254 BGB. Wer gegen das Verbot des venire contra factum proprium verstößt und eine Mitverantwortung an dem entstanden Schaden trägt kann, dessen Erstattung nicht in voller Höhe fordern.[183]

Das bedeutet im Falle der Erstattungsfähigkeit von Rechtsverfolgungskosten, dass nur die als notwendig anzusehenden Kosten verursacht werden dürfen um erstattungsfähig zu sein. Damit ergibt sich als Entscheidungskriterium bezüglich der Erstattungsfähigkeit die Frage nach der notwendigen Höhe der Inkassokosten.

Die Frage ist in der Literatur und in Gerichtsentscheidungen unter verschiedenen Argumentationsansätzen umstritten.

Ernst[184] beschränkt die Erstattungsfähigkeit von Inkassokosten der Höhe nach auf die bei einem Anwalt entstandenen Gebühren mit dem Argument, dass nur diese notwendige Kosten darstellen.

Gleicher Auffassung waren verschiedene Gerichte erster und zweiter Instanz der letzten rund 35 Jahre. So entschieden durch das AG Celle[185], das AG Würzburg[186], das OLG Köln[187] das OLG Hamm[188] und das OLG Bamberg[189].

Löwisch[190] lehnt eine Begrenzung der Erstattungsfähigkeit von Inkassokosten auf die Höhe von Anwaltsgebühren mit dem Hinweis auf die Eigenschaft der Inkassounternehmen, die zu den „anerkannten Institutionen des Rechts- und Wirtschaftslebens" gehören und deren speziellen Methoden und möglicherweise milderen Auswirkungen auf die Geschäftsbeziehungen zwischen Gläubiger und Schuldner, ab.

---

[183] Vgl. Palandt Kommentar zum BGB – Heinrichs, München 2007, § 254 BGB, RdNr1f.
[184] Vgl. Münchener Kommentar zum BGB - Ernst, München 2003, § 286 BGB RdNr157
[185] Vgl. AG Celle, JurBüro 1996, 648
[186] Vgl. AG Würzburg, MDR 2001, 32
[187] Vgl. OLG Köln OLGZ 1972, 411
[188] Vgl. OLG Hamm, JurBüro, 1984, 534
[189] Vgl. OLG Bamberg, NJW-RR 1994, 412
[190] Vgl. Staudinger Kommentar zum BGB – Löwisch, Berlin 2004, § 286 BGB, RdNr.224

Finke[191] begründet die Erstattungsfähigkeit von Inkassokosten über die Anwaltsgebühren hinaus, mit intensiver jahrelanger Beitreibungstätigkeit der Inkassounternehmen, die zu höheren Erfolgsquoten als die Bemühungen eines Anwalts führen.

Rieble[192] lehnt eine Begrenzung der Erstattungsfähigkeit von Inkassokosten auf die Höhe von Anwaltsgebühren mit dem Argument, dass die Bundesrechtsanwaltsgebührenordnung, heute Rechtsanwaltsvergütungsgesetz, ausdrücklich nicht für Inkassounternehmen gilt, ab. Zusätzlich begründet er seine Auffassung damit, dass der Schuldner das Misslingens-Risiko und damit auch die Kosten in anfallender Höhe zu tragen hat.

Nicht der Auffassung, dass Inkassokosten höchstens in Höhe der Anwaltsgebühren erstattungsfähig sind, sind auch unter anderen die Gerichte AG Solingen[193], das urteilte, dass Inkassokosten über den Rechtsanwaltsgebühren nur gegen die Schadenminderungspflicht verstoßen, wenn „die Kosten völlig außer Verhältnis wären" und das OLG München[194], welches das Gesamtverhalten des Schuldners und somit dessen Verschulden mit von einer Entscheidung über die Begrenzung der Erstattungsfähigkeit von Inkassokosten auf die Höhe von Anwaltsgebühren abhängig macht.

Eine abschließende Beurteilung über die Obergrenze der Erstattungsfähigkeit von Inkassokosten lässt sich nicht definitiv feststellen, lediglich eine Minimierung der Kosten unter dem Grundsatz der Schadensminderungspflicht ist angezeigt und beschränkt, in jedem Fall, eine Erstattungsfähigkeit auf die notwendigen Kosten, wobei diese individuell zu beurteilen sind.

5.3 Erstattungsfähigkeit von Inkassokosten als Erfolgsprovision

Ein Sonderfall der Inkassokosten ist eine möglicherweise vereinbarte Erfolgsprovision zwischen Inkassounternehmen und Gläubiger. Deren Erstattungsfähigkeit ist umstritten.

---

[191] Vgl. Finke, A.: Zur Erstattung von Inkassogebühren, in: NJW 1973, S.1311
[192] Vgl. Rieble, W.: Außergerichtliches Inkasso im Wettbewerb zwischen Anwälten und Inkassounternehmen, in: DB1995, S.202
[193] Vgl. AG Solingen JurBüro 1988, 1512
[194] Vgl. OLG München MDR 1988, 407

Löwisch[195] lehnt eine Erstattung von Erfolgshonoraren unter dem Hinweis ab, dass ansonsten der Schuldner einen Teil der Forderung zweimal begleichen müsste. Dies ist nicht nachvollziehbar, da dies auch auf erfolgsunabhängige Komponenten der Vergütung von Inkassounternehmen zutrifft.

Sinnvoller für eine Ablehnung der Erstattungsfähigkeit von Erfolgshonoraren erscheint die Argumentation von Jäckle[196]. Er verneint die Kausalität zwischen Verzug und der Erfolgsprovision, denn diese Kosten entstehen in Folge der Leistung des Schuldners und nicht als „Ausfluß der für § 286 BGB typischen Verzögerung der Leistung".

Ältere Beurteilungen, welche die Erstattungsfähigkeit von Erfolgsprovisionen bejahen setzen, eine Nicht-Sittenwidrigkeit voraus. So beurteilte das LG Nürnberg-Fürth[197] eine Erfolgsprovison von 10% der Forderungssumme unter Berufung auf die Allgemeine Verfügung des Reichsjustizministeriums vom 24.10.1941 als erstattungsfähig. In dieser Allgemeinen Verfügung[198] ist eine Erfolgsprovision ausdrücklich vorgesehen. Diese Allgemeine Verfügung hat jedoch keine Gültigkeit mehr,[199] und damit sind auch diese Ansätze nicht mehr zutreffend.

Rieble[200] bejaht die Erstattungsfähigkeit von Erfolgsprovisionen und betrachtet sie als „Mißlingens-Versicherung", als eine Art Risikoprämie für das Inkassounternehmen, die vom Schuldner zu tragen sei.

Ernst[201] beschreibt die Rechtslage im Münchener Kommentar dergestalt, dass eine Erfolgsprovision in soweit erstattungsfähig ist, als sie zusammen mit der restlichen Vergütung, die eines Anwaltes nicht übersteigt.

Jäckles Ablehnung der Erstattungsfähigkeit von Erfolgsprovisionen aufgrund der fehlenden Kausalität zwischen Nicht-Leistung des Schuldners und der Erfolgsprovision, da diese erst mit Leistung entsteht, erscheint zwingend.

---

[195] Vgl. Staudinger Kommentar zum BGB – Löwisch, Berlin 2004, § 286 BGB, RdNr.219
[196] Vgl. Jäckle, W.: Die Erstattungsfähigkeit der Kosten eines Inkassobüros, in: JZ 1976, S.677
[197] Vgl. LG Nürnberg-Fürth, NJW 1959, 438
[198] Vgl. Umfang der Erstattung von Kosten, die durch die Inanspruchnahme eines Inkassobüros entstehen, Allgemeine Verfügung des Reichsjustizministeriums vom 24.10.1941, Teil A1, in Deutsche Justiz 44/1941, S.1023
[199] Vgl. Seitz, W. in Seitz, W.: Inkasso-Handbuch, hrsg. von Seitz, W., 3. Aufl., München 2000, RdNr.249
[200] Vgl. Rieble, W.: Außergerichtliches Inkasso im Wettbewerb zwischen Anwälten und Inkassounternehmen, in: DB1995, S.203f.
[201] Vgl. Münchener Kommentar zum BGB - Ernst, München 2003, § 286 BGB RdNr.157

5.4 Erstattungsfähigkeit von Inkassokosten im gerichtlichen Mahnverfahren

Das gerichtliche Mahnverfahren ist ein gerichtliches Schnellverfahren und in der Zivilprozessordnung in den §§ 688ff. geregelt. Zwar dürfen Inkassounternehmen nicht mit den Gerichten interagieren, jedoch kann ein Rechtsanwalt nach erfolglosen außergerichtlichen Beitreibungsbemühungen eines Inkassounternehmens die Erstattung der Inkassokosten im Rahmen eines gerichtlichen Mahnverfahrens beantragen.

Heute ist das gerichtliche Mahnverfahren in allen Bundesländern außer in Sachsen und Thüringen automatisiert. Die Automatisierung nahm am 01.Oktober 1982 in Baden-Württemberg ihren Anfang und inzwischen werden 95% aller deutschen Mahnverfahren maschinell bearbeitet.[202]

Auch mit dem automatisierten Mahnverfahren blieb der Rechtspfleger Herr des Verfahrens, jedoch entfiel damit seine Schlüssigkeitsprüfung der Forderungen und damit auch der Nebenforderung nach Inkassokosten. Anstelle der Schlüssigkeitsprüfung wurde eine automatisierte Plausibilitätsprüfung eingeführt, die unter anderem auch die geforderten Inkassokosten prüft und im Zweifel dem Rechtspfleger zur Entscheidung vorlegt.[203]

Durch diese automatisierte Prüfung ergibt sich die Frage nach der Höhe der Inkassokosten, die als plausibel akzeptiert werden.

Die zentralen Mahngerichte erkennen heute pauschal 1,5 Anwaltsgebühren, gegebenenfalls zusätzlich zu Anwaltsgebühren an.[204] Dazu kommen die Auslagenpauschale und die Mehrwertsteuer.[205]

---

[202] Vgl. Informationsschrift: Die maschinelle Bearbeitung der Mahnverfahren, hrsg. von: Justizverwaltungen Baden-Württemberg; u.a., Stuttgart 2006
[203] Vgl. Keller, R.: Die Automation des Mahnverfahrens, in: NJW 1981, S.1184-1188
[204] Vgl. Salten, U.: Die Erstattungsfähigkeit und die Auswirkungen des neuen Rechtsdienstleistungsgesetzes, in: ZRP 2007, S.89
[205] Vgl. E-Mail des AG Stuttgart, Behse, B.: Auskunft zur Plausibilitätsgrenze für Inkassokosten im Mahnverfahren, Stuttgart 08.06.2007

5.5 Erstattungsfähigkeit von Inkassokosten in Abhängigkeit der Natur des Geschäftsherrn

Bei der Beurteilung der Erstattungsfähigkeit von Inkassokosten ist zu unterscheiden, ob ein Unternehmer oder ein Verbraucher der Geschäftsherr ist und die Erstattung seiner Inkassokosten beantragt.

5.5.1 Erstattungsfähigkeit von Inkassokosten für Unternehmen

Die Rechtssprechung lehnt die Erstattung der Kosten, die durch die Bemühungen interner Mahn- und Inkassoabteilungen entstehen und auch die Erstattung von Inkassokosten, grundsätzlich ab. Die Argumentation setzt dabei auf der Schadensminderungspflicht des § 254 BGB auf und zählt das Inkasso zum Pflichtenkreis des Unternehmens gehörend. Im folgenden wird dies differenziert nach Kosten für eine innerbetriebliche Mahn- und Inkassoabteilungen, einem wirtschaftlich verbundenen Inkassounternehmen und einem wirtschaftlich unabhängigen Inkassounternehmens dargestellt.

5.5.1.1 Erstattungsfähigkeit von innerbetrieblichen Inkassokosten

Die Rechtsprechung, die eine Erstattung von innerbetrieblich entstanden Kosten ablehnt, geht durch alle Instanzen.

Das AG Bad Homburg lehnt die Erstattung innerbetrieblich entstandener Kosten ab, „selbst wenn dafür besonderes Personal eingesetzt wird." Das AG Homburg spricht hier nicht von dem notwendigen Personal nur für einen Fall, sondern für alle in einem Unternehmen anfallenden Fälle. [206]

Das eigene Betreiben des Forderungseinzugs gehört dem OLG Dresden zufolge zu den „schuldrechtlichen Grundsätzen" des unternehmerischen Gläubigers und versagt die Erstattung der Kosten für eine interne Inkassoleistung.[207]

Der BGH entschied in einem Fall bei dem eine Behörde Ersatz für seine Verwaltungskosten zur Regulierung eines Schadens verlangte, dass auch diese in der Regel zum Aufgabenkreis des Gläubigers gehören.[208]

---

[206] Vgl. AG Bad Homburg, MDR 1983, 840
[207] Vgl. OLG Dresden, NJW-RR 1994, 1139
[208] Vgl. BGH, NJW 1976, 1256

Neben diesen restriktiven Entscheidungen gibt es auch Beurteilungen die differenzierter sind.

Das OLG Hamburg sieht eine Erstattungsfähigkeit ausnahmsweise gegeben, wenn etwa durch einen Diebstahl „ganz ungewöhnliche Belastungen mit so erheblichen wirtschaftlichen Auswirkungen entstanden" [sind] „, dass es sich deshalb verbieten würde, noch von einer – nicht entschädigungsfähigen - Müheverwaltung im eigenen Pflichtenkreis zu sprechen."[209]

Der BGH hat in zwei Entscheidungen 1976[210] und 1980[211] entschieden, dass der zum eigenen Pflichtenkreis gehörende Aufwand überschritten ist, wenn für die Schadensfeststellung oder –abwicklung eines Schadensfalles mindestens ein zusätzlicher Mitarbeiter eingestellt werden müsste.

Damit hat der BGH eine Hürde für die Erstattungsfähigkeit der unternehmensinternen Inkassokosten vorgegeben, die in bei der Bearbeitung von Forderungen in aller Regel nicht überschritten werden dürfte.

5.5.1.2 Erstattungsfähigkeit von Inkassokosten von zum Konzern gehörender ausgegliederter Inkassounternehmen

Eine Erstattungsfähigkeit der Inkassokosten von einem zum Konzern des Gläubigers gehörenden Inkassounternehmens ist nicht gegeben. Denn durch die Schaffung einer künstlichen Schadensposition durch die Ausgliederung der eigenen Mahn- und Inkassoabteilung kann keine Erstattungsfähigkeit geschaffen werden, die zuvor versagt war.[212]

In diesem Sinne beurteilt auch Heinrichs[213] die Rechtslage, allerdings lediglich unter Verweis auf Michalski.

---

[209] OLG Hamburg, NJW 1977, 1347
[210] Vgl. BGH, NJW 1977, 35
[211] Vgl. BGH, NJW 1980, 1518
[212] Vgl. Michalski, L.: Unzulässigkeit der Forderungseinziehung durch konzerngebundene Inkassounternehmen, in: ZIP 1994, S.1504f.
[213] Vgl. Palandt Kommentar zum BGB – Heinrichs, München 2007, § 286 BGB, RdNr.49

5.5.1.3 Erstattungsfähigkeit von Inkassokosten bei der Beauftragung von wirtschaftlich nicht verbundenen Inkassounternehmen

Die Erstattungsfähigkeit von Inkassokosten bei der Beauftragung von wirtschaftlich nicht verbundenen Inkassounternehmen wird zumeist, wie die Erstattung von innerbetrieblichen anfallenden Kosten unter Verweis auf das Verlagerungsargument, wie im folgenden belegt, abgelehnt.

Das LG Berlin beispielsweise zählt den Einzug von Darlehensforderungen zum Pflichtenkreis einer Bank und lehnt die Erstattung von Inkassokosten mit dem Argument ab, dass es nicht ersichtlich ist, warum einem Inkassounternehmen die Beitreibung besser möglich ist.[214]

In einer anderen Entscheidung lehnt das LG Berlin eine Erstattung ab, weil die „Verlagerung der dem Gläubiger obliegenden Pflicht zur Beitreibung der Forderung auf ein externes Unternehmen kann nicht dazu führen, daß dieselbe Tätigkeit nunmehr einen erstattungsfähigen Schaden darstellt."[215]

Das OLG Dresden würde in einer Erstattungsfähigkeit der Kosten eines externen Inkassounternehmens eine Benachteiligung von Gläubigern sehen, die den Forderungseinzug selbst betreiben und deren Kosten auch nicht erstattungsfähig sind.[216]

Löwisch[217] ist der Ansicht, dass Inkassokosten „nur abzüglich des auf die üblichen Eigenbemühungen entfallenden Anteils zu ersetzen" sind und beurteilt damit eine Erstattungsfähigkeit weniger restriktiv.

Anderer Ansicht ist Heinrichs[218] im Palandt: „Kosten eines Inkassobüros kann auch der Kaufm ersetzt verlangen". Jedoch bleibt Heinrichs einen Verweis auf eine Gerichtsentscheidung oder die Literatur, die seine Meinung stützt, schuldig.

---

[214] Vgl. LG Berlin, WM 1990, 62
[215] LG Berlin, BB 1996, 290
[216] Vgl. OLG Dresden, NJW-RR 1994, 1139
[217] Vgl. Staudinger Kommentar zum BGB – Löwisch, Berlin 2004, § 286 BGB, RdNr.217
[218] Vgl. Palandt Kommentar zum BGB – Heinrichs, München 2007, § 286 BGB, RdNr.49

5.5.2 Erstattungsfähigkeit von Inkassokosten bei Beauftragung durch Verbraucher

Die Erstattungsfähigkeit von Inkassokosten bei Beauftragung durch einen Verbraucher ist weder in der Literatur noch in Gerichtsentscheidungen ausdrücklich, soweit dem Autor bekannt, behandelt.

Grundsätzlich hat der Verbraucher einen Anspruch auf Ersatz seines Schadens. Eine Erstattungsfähigkeit seiner Inkassokosten könnte aufgrund eines Verstoßes der Schadenminderungspflicht, des § 249 BGB gegeben sein, ähnlich wie bei Unternehmen. Jedoch ist der Pflichtenkreis eines Verbrauchers in der Regel anders zu beurteilen als der eines Unternehmens.

So beschreibt das AG Bad Homburg[219] die Inkassotätigkeit als „einfachste kaufmännische Tätigkeit" [welche] „in einem entsprechend eingerichteten Betrieb ohne weiteres (..) abzuwickeln" ist und verneint eine Erstattungsfähigkeit für solche Unternehmen. Und das OLG Dresden[220] spricht von einem „Unternehmen (..) oder sonst ein Berufsangehöriger oder eine Einrichtung mit hinreichender Geschäftserfahrung" zu deren Pflichtenkreis die Inkassotätigkeit gehört. Daraus lässt sich im Umkehrschluss eine Erstattungsfähigkeit der Inkassokosten für Verbraucher herleiten, die zumindest nicht zu besonderen kaufmännisch oder juristisch ausgebildeten Berufsgruppen gehören.

5.6 Erstattungsfähigkeit von Inkassokosten in Abhängigkeit des zu erwartenden Erfolges der Beauftragung eines Inkassounternehmens

Die Erstattungsfähigkeit von Inkassokosten in Abhängigkeit des zu erwartenden Erfolges der Beauftragung eines Inkassounternehmens wirft die Frage auf, inwiefern und nach welchen Maßstäben ein Gläubiger aufgrund welchen Verhaltens des Schuldners mit einer Forderungsbegleichung nach Beauftragung eines Inkassounternehmens rechnen darf. Im folgenden werden verschiedene restriktive Gerichtsentscheidungen unterschiedlicher Instanzen und Meinungen in der Literatur kritisch dargestellt.

---

[219] Vgl. AG Bad Homburg, MDR 1983, 840
[220] Vgl. OLG Dresden, NJW-RR 1994, 1139

Ernst[221] lehnt eine Erstattungsfähigkeit von Inkassokosten grundsätzlich ab, wenn die Beitreibungsmaßnahmen des Inkassounternehmen erfolglos blieben. Auch wenn der Gläubiger mit einer Zahlungsverweigerung nicht rechnen konnte. Er begründet dies damit, dass der Gläubiger das Risiko der Einschaltung eines Inkassounternehmens trägt, weil er auch gleich einen Rechtsanwalt beauftragen könnte.

Ebenso lehnt Heinrichs[222] eine Erstattungsfähigkeit von Inkassokosten ab, wenn später noch ein Rechtsanwalt für eine gerichtliche Titulierung notwendig ist, es sei denn der Gläubiger konnte aus besonderen Gründen darauf vertrauen, dass der Schuldner auf die Maßnehmen eines Inkassounternehmens hin bezahlen würde.

Ähnlich wie Heinrichs entschied das OLG Düsseldorf[223], dass der Gläubiger, für eine Erstattungsfähigkeit der Kosten eines erfolglos gebliebenen Inkassounternehmens, „aufgrund konkreter in seiner Rechtsbeziehung zu dem Schuldner oder in dessen Person liegender Umstände positive Kenntnis davon haben" [müsse] „daß der Schuldner bei Einschaltung eines Inkassobüros zahlen werde."

Das OLG Karlsruhe[224] setzt für eine Erstattungsfähigkeit voraus, dass der Gläubiger Anlass hat anzunehmen, dass der Schuldner auf die Aktivitäten des Inkassounternehmens hin leisten würde. In diesem Sinne auch schon das OLG Hamm[225] und das OLG Frankfurt[226].

Ähnlicher Ansicht ist das OLG Köln[227], das eine Erstattungsfähigkeit gegeben sieht, „wenn der Gläubiger mit Rücksicht auf das vorgerichtliche Schweigen des Schuldners davon ausgehen durfte, die Forderung könne ohne Inanspruchnahme eines Gerichts beigetrieben werden."

---

[221] Vgl. Münchener Kommentar zum BGB - Ernst, München 2003, § 286 BGB RdNr.157
[222] Vgl. Palandt Kommentar zum BGB – Heinrichs, München 2007, § 286 BGB, RdNr.49
[223] Vgl. OLG Düsseldorf, OLGZ 1987, 494
[224] Vgl. OLG Karlsruhe, NJW-RR 1987, 1506
[225] Vgl. OLG Hamm, JurBüro, 1984, 534
[226] Vgl. OLG Frankfurt, NJW-RR 1990, 729
[227] Vgl. OLG Köln, OLGZ 1972, 411

Das OLG München[228] hingegen forderte 1974 als Voraussetzung für eine Erstattungsfähigkeit lediglich, dass der Schuldner nicht erwarten konnte, dass der Schuldner die Forderung bestreiten würde. Diese Ansicht bekräftigte das OLG München[229] in seiner Entscheidung 1987. Erstinstanzlich entschied auch das AG Würzburg[230] jüngst in diesem Sinne mit der weiteren Voraussetzung, dass der Schuldner sich nicht zahlungsunfähig zeigte.

In erstinstanzlichen Entscheidungen verlangte das AG Kappeln[231] eine dreimalige vergebliche Mahnung und das AG Solingen[232] sogar nur eine vergebliche Mahnung um eine Erstattungsfähigkeit der Inkassokosten zu sehen.

Künkel[233] betrachtet eine Erstattungsfähigkeit von Inkassokosten von nicht bestrittenen Forderungen bis zu dem Zeitpunkt in dem sich der Schuldner als eindeutig zahlungsunwillig zeigt als gegeben.

Ähnliche Ansicht hat sich auch bei erstinstanzlichen Entscheidungen niedergeschlagen. So entschied das AG Celle[234], dass eine unbestrittene Hauptforderung die Einschaltung eines Inkassounternehmens rechtfertigt und insbesondere bei kleinem Streitwert die Beauftragung eines Inkassounternehmens aus betriebswirtschaftlicher Sicht zur Bonitätsprüfung als sinnvoll erachtet.

Löwisch[235] hingegen vertritt eine permissive Ansicht und hält die Einschaltung eines Inkassounternehmens für zweckentsprechend, wenn der Schuldner lediglich ein säumiger Zahler ist oder der Gläubiger bei einem zahlungsschwachen Schuldner annehmen kann, dass dieser auf die Maßnahmen des Inkassounternehmens hin zahlen werde.

---

[228] Vgl. OLG München, NJW 1975, 832
[229] Vgl. OLG München MDR 1983, 407
[230] Vgl. AG Würzburg, MDR 2002, 32
[231] Vgl. AG Kappeln, JurBüro 1988, 1511
[232] Vgl. AG Solingen, JurBüro 1996, 1512
[233] Vgl. Künkel, J.: Zur Frage der Haftung des Schuldners für Inkassokosten, in: MDR 1963, S.893
[234] Vgl. AG Celle, JurBüro 1996, 648
[235] Vgl. Staudinger Kommentar zum BGB – Löwisch, Berlin 2004, § 286 BGB, RdNr.222

Ebenso Rieble[236], der den Gang zum Inkassounternehmen als angemessen erachtet, wenn keine Anhaltspunkte dagegen sprechen. Zudem führt er an, dass die Einschaltung eines Inkassounternehmens aufgrund der Geschäftsbeziehung zwischen Gläubiger und Schuldner, als milderes Mittel als die Beauftragung eines Rechtsanwaltes angezeigt sein kann.

Ob der Erfolg eintritt kann auch über eine Erstattungsfähigkeit entscheiden, so urteilte das AG Peine[237], dass derjenige Gläubiger, der „erfolgreich ein Inkassounternehmen einschaltet, (..) nicht schlechter gestellt werden" [kann] „als derjenige Gläubiger der unmittelbar einen Rechtsanwalt mit der Beitreibung seiner Ansprüche beauftragt."

Zusammenfassend lässt sich festhalten, dass es bei der Beurteilung der Erstattungsfähigkeit der Inkassokosten unter dem Blickwinkel des zu erwartenden Erfolges der Beauftragung eines Inkassounternehmens auf den Einzelfall ankommt.

Die herrschende Meinung, insbesondere abzulesen in den Entscheidungen der Oberlandesgerichte, verlangt, dass der Gläubiger darauf vertrauen konnte, dass der Schuldner auf die Einschaltung eines Inkassounternehmens hin zahlen würde. Ob dazu das Schweigen des Schuldners reicht oder der Schuldner die Hauptforderung nur nicht bestritten zu haben braucht oder aber der Gläubiger aufgrund der Erfahrungen mit dem Schuldner von einer Leistung ausgehen können muss, ist umstritten.

5.7 Zwischenfazit

Die Erstattungsfähigkeit von Inkassokosten ist eine zentrale Frage für die Entscheidung, ob ein Gläubiger ein Inkassounternehmen beauftragt und damit auch für die Existenz der Inkassounternehmen. Eine pauschale Beantwortung der Frage ist nicht möglich. Vielmehr hängt diese von mehreren Faktoren ab. Zum einen von der Natur des Gläubigers, ob es sich um ein Unternehmen oder um einen Verbraucher handelt, und zum andern von dem Erfolg eines Inkassounternehmens oder dessen zu erwartenden Erfolges. Problematisch ist,

---

[236] Vgl. Rieble, W.: Außergerichtliches Inkasso im Wettbewerb zwischen Anwälten und Inkassounternehmen, in: DB1995, S.201
[237] AG Peine, JurBüro 1996, 649

dass verschiedene Gerichte, bei vergleichbarer Sachlage, unterschiedlich entschieden haben. Zudem haben mehrere Gerichte die Natur des Geschäftsherrn bei der Entscheidungsfindung nicht berücksichtigt und eine Erstattungsfähigkeit lediglich vom Erfolg beziehungsweise vom zu erwartenden Erfolg abhängig gemacht.

Da eine Erstattungsfähigkeit von Inkassokosten für Unternehmen in aller Regel, aufgrund des zumeist nicht außerordentlich hohen Aufwandes der Einzelforderungsbeitreibung abgelehnt wird, ist eine Erstattungsfähigkeit unter Berücksichtigung dieses Aspektes zumeist zu verneinen.

Eine Erfolgsprovision ist generell abzulehnen, obwohl es insbesondere in der Literatur Stimmen anderer Ansicht gibt, aufgrund der fehlenden Kausalität zwischen Nicht-Leistung des Schuldners und der Erfolgsprovision, da diese erst mit Leistung entsteht.

Sollte eine Erstattungsfähigkeit der Inkassokosten vorliegen, beschränken die Gerichte die Höhe der erstattungsfähigen Kosten zumeist auf die Höhe, die bei Beauftragung eines Rechtsanwaltes angefallen wäre. Anderer Ansicht ist die überwiegende Meinung in der Literatur, welche die Leistung der Inkassounternehmen differenziert zu derjenigen der Rechtsanwälte sieht und deshalb auch die Erstattungsfähigkeit der Inkassokosten nicht auf die Gebühren der Rechtsanwälte beschränken will.

6 Schlussbetrachtung

6.1 Ausblick

6.1.1 Tendenzen in der Rechtsprechung

Die Rechtsprechung hat eine sehr große Bedeutung für Inkassounternehmen aufgrund der rechtlichen Grundlagen von Inkassounternehmen, die erst durch Gerichtsentscheidungen ausgestaltet wurden. Noch größer ist der Einfluss der Gerichte auf die Erstattungsfähigkeit der Inkassokosten, da die Gesetze nur die Grundsätze vorgeben, eine individuelle verbindliche Beurteilung jedoch erst gerichtlich erfolgt.

Die zukünftige Rechtsprechung abzusehen ist schwierig, aber durch das Rechtsdienstleistungsgesetz könnten die Inkassounternehmen materiell gestärkt hervorgehen, was auch Einfluss auf die Gerichtsentscheidungen bezüglich der Erstattungsfähigkeit von Inkassokosten haben könnte. Ansonsten ist eine klare Tendenz nicht abzusehen bis zu einer eindeutigen höchstrichterlichen Entscheidung.

6.1.2 Entwicklungen durch Gesetzesänderungen

6.1.2.1 Gesetz zur Neuregelung des Rechtsberatungsrechts

Am 23. August 2006 hat die Bundesregierung den Entwurf eines Gesetzes zur Neuregelung des Rechtsberatungsrechts beschlossen. Das wichtigste dabei vorgesehene Gesetz soll Rechtsdienstleistungsgesetz, kurz RDG, heißen und Mitte 2007 in Kraft treten.[238]

Es würde das Rechtsberatungsgesetz und die fünf Verordnungen zur Ausführung des Rechtsberatungsgesetzes ersetzen und diese außer Kraft setzen.[239]

---

[238] Vgl. Bundesjustizministerium, online: Rechtsdienstleistungsgesetz,
http://www.bundesjustizministerium.de/enid/dd7511f74ed8456dbd5154971a2fff4a,33d0e45f74726369640
92d0933303334/Rechtsdienstleistung/RDG_11p.html

Änderungen sieht das Gesetz zur Neuregelung des Rechtsberatungsrechts nur für das Forderungsinkasso, nicht aber für den Forderungskauf vor. Der Vollerwerb von Forderungen soll auch weiterhin ohne Inkassoregistrierung möglich sein.[240]

Nachfolgend sind die wichtigsten Änderungen beziehungsweise Punkte Inkassounternehmen betreffend dargestellt.

6.1.2.1.1 Rechtliche Grundlage und Zulassung von Inkassounternehmen

Die Bundesregierung beabsichtigt mit dem Gesetz zur Neuregelung des Rechtsberatungsrechts eine Registrierungspflicht der Inkassounternehmen einzuführen und den Akt der Publizierung aufzuwerten und ihm Erlaubnischarakter zu geben.[241] Die Voraussetzungen für Inkassounternehmen ändern sich materiell nicht. Die §§ 10ff. RDG nennen auch weiterhin Sachkunde, persönliche Eignung und eine Berufshaftpflichtversicherung.[242]

Die Antragsstellung soll an die zuständige Landesjustizverwaltung beziehungsweise nachgeordnete Behörden zu erfolgen haben.[243]

6.1.2.1.2 Erlaubter Tätigkeitsbereich von Inkassounternehmen

Der bereits bisher erlaubte Tätigkeitsbereich der Inkassounternehmen soll erweitert werden um die Durchführung des gerichtlichen Mahnverfahrens. So soll § 79 ZPO dahingehend geändert werden, dass neben Anwälten Inkassounternehmen im Mahnverfahren vertretungsbefugt sind.[244]

6.1.2.1.3 Vergütung von Inkassounternehmen

Die Vergütung von Inkassounternehmen unterlag bisher der Autonomie der Vertragspartner, orientiert sich häufig aber an der Allgemeinen Verfügung des Reichsjustizministeriums vom 24.10.1941 beziehungsweise an den

---

[239] Vgl. BT-Drucksache 16/3655, S.25
[240] Vgl. Bundesjustizministerium, online:
http://www.bundesjustizministerium.de/enid/6d7b8c0cddcd00b63aecb901f751cada,0/RDG/Eckpunkte_RDG_oq.html, 03.06.2007
[241] Vgl. BT-Drucksache 16/3655, S.63
[242] Vgl. BT-Drucksache 16/3655, S.9
[243] Vgl. BT-Drucksache 16/3655, S.70
[244] Vgl. BT-Drucksache 16/3655, S.16f.

Rechtsanwaltsgebühren, um eine Erstattungsfähigkeit möglichst zu gewährleisten[245]

Dieser Grundsatz soll auch nach dem Einführungsgesetz zum Rechtsdienstleistungsgesetz beibehalten werden, so heißt es in der Begründung: „Keine Vergütungsregelung gibt es (..) für Inkassounternehmen (...). Dies entspricht der bisherigen Rechtslage und dem vom Bundesverfassungsgericht anerkannten Berufsbild der Inkassounternehmen."[246]

6.1.2.1.4 Erstattungsfähigkeit von Inkassokosten

Der Entwurf eines Gesetzes zur Neuregelung des Rechtsberatungsrechts enthält keine Regelung zur grundsätzlichen Erstattungsfähigkeit der Inkassokosten. Lediglich § 4 Abs.4 RDGEG sieht die Erstattungsfähigkeit für die Höhe der Vergütung von Inkassodienstleistung für die Vertretung im Zwangsvollstreckungsverfahren nach § 788 ZPO vor. Daneben erkennt der Gesetzentwurf eine Erstattungsfähigkeit für die Vertretung im gerichtlichen Mahnverfahren nach § 91 ZPO ab.[247] Der Ausschluss der prozessualen Kostenerstattung wird damit begründet, dass sich die Beantragung von Mahn- und Vollstreckungsbescheid nahtlos, an die weitgehend automatisierte außergerichtliche Inkassotätigkeit von Inkassounternehmen anschließt. Eine Geltendmachung im Zuge einer materiell-rechtlichen Schadensersatzforderung ist damit jedoch nicht ausgeschlossen.[248]

Die Frage der Erstattungsfähigkeit wird sich nicht durch das Rechtsdienstleistungsgesetz verändern und weder Klarheit noch Rechtssicherheit geschaffen.[249]

6.1.2.2 Gerichtsvollzieherwesen

Bei Reformbestrebungen im Gerichtsvollzieherwesen wird teilweise ein vorgerichtliches Mahnverfahren durch Gerichtsvollzieher, ein sogenanntes Abwendungsverfahren diskutiert.[250]

---

[245] siehe 4.8.2
[246] BT-Drucksache 16/3655, S.80
[247] Vgl. BT-Drucksache 16/3655, S.14
[248] Vgl. BT-Drucksache 16/3655, S.81
[249] Vgl. Salten, U.: Die Erstattungsfähigkeit und die Auswirkungen des neuen Rechtsdienstleistungsgesetzes, in: ZRP 2007, S.90 __

Der Entwurf eines Gesetzes zur Reform des Gerichtsvollzieherwesens des Bundesrates, initiiert von den Ländern Niedersachen, Baden-Württemberg, Hessen und Mecklenburg-Vorpommern jedoch sieht „die Einführung eines neuen Verfahrens zur vorgerichtlichen Beitreibung von Forderungen durch den Gerichtvollzieher (..) nicht geboten."[251]

Es ist eher nicht anzunehmen, dass dieser Gesetzentwurf in dieser Form umgesetzt wird, da die zuständige Bundesjustizministerin, Frau Zypries, Ihre Ablehnung signalisiert hat.[252]

Insgesamt ist es im Moment nicht abzusehen, ob ein vorgerichtliches Mahnverfahren eingeführt werden wird.

Der Bundesverband Deutscher Inkassounternehmen e.V. hat eine mögliche Einführung, unter anderem mit dem Hinweis auf die Konkurrenz seiner Mitglieder abgelehnt.[253] Eine entsprechende lobbyistische Arbeit gegen ein vorgerichtliches Mahnverfahren durch Gerichtsvollzieher ist also auch weiterhin anzunehmen.

6.2 Zusammenfassung

Betrachtet wurden in diesem Buch vor allem die Inkassounternehmen aus der betriebswirtschaftlichen Blickrichtung, unter Beachtung der relevanten juristischen Aspekte. Zentrale Fragen waren dabei der Vergleich und die Zusammenarbeit von Rechtsanwalt und Inkassounternehmen aufgrund der überschneidenden Tätigkeitsfelder und der teilweisen Abhängigkeit der Inkassounternehmen von den Rechtsanwälten. Wesentliche Beachtung erfuhr die Wirtschaftlichkeitsbetrachtung der Funktionsübertragung, die im Rahmen dieses Buches konkret für Inkassounternehmen vorgenommen wurde, aber auch auf Rechtsanwälte prinzipiell übertragbar ist. Abschließend wurde die Erstattungsfähigkeit diskutiert, einer Frage, die über die Beauftragung und damit die Existenz von Inkassounternehmen entscheidet, der Frage nach dem to be or not to be der Inkassounternehmen.

---

[250] Vgl. Seip, T.: Reformbestrebungen im Gerichtsvollzieherwesen – Anmerkungen zum Positionspapier des Bundesverbandes Deutscher Inkassounternehmen (BDIU), in: ZVI 8/2006, S.329ff.
[251] BR-Drucksache 150/07, S.62
[252] Vgl. Bundesjustizministerium
[253] Vgl. BDIU-Positionspapier zu Änderungen im Gerichtsvollzieherwesen, ZVI 2/2006, S.84ff.

Zusammenfassend lässt sich konstatieren, dass das Forderungsmanagement durch Inkassounternehmen eine große Bedeutung für die Volkswirtschaft und auch die einzelnen Unternehmen hat, da jedes einzelne mit dem wachsenden Problem der mangelnden Zahlungsmoral und der Gefahr der Insolvenz, sowohl der von Schuldnern als dadurch auch der eigenen Nachfolgeinsolvenz, bedroht ist. Die Beauftragung eines Inkassounternehmens ist dabei, neben der klassischen Einschaltung eines Rechtsanwaltes, eine von mehreren Möglichkeiten auf die Herausforderungen des Forderungsmanagements zu antworten. Diese Entscheidung kann nicht pauschal beantwortet werden, sondern muss von Unternehmen zu Unternehmen und möglicherweise von Forderung zu Forderung entschieden werden. Wichtigste Faktoren sind dabei der Aufwand der Beitreibung, die Beitreibungswahrscheinlichkeit der Alternativen Rechtsanwalt, Inkassounternehmen und einer internen Lösung und vor allem auch die Erstattungsfähigkeit dieser Alternativen. Für die Erstattungsfähigkeit lässt sich keine grundsätzliche Aussage treffen, da jeder Fall eine unterschiedlich Ausgangslage hat und die Gerichte bislang uneinheitlich entschieden haben. Hier ist eine höchstrichterliche Entscheidung abzuwarten.

Literaturverzeichnis

<u>Einzelwerke</u>

Bea, Franz; Haas, Jürgen: Strategisches Management, hrsg. von: Bea, Franz; Dichtl, Erwin; Schweitzer, Marcus, 3. Aufl., Stuttgart 2001

Caliebe, Gabriele; Ohle, Carsten; Seitz, Walter: Inkasso-Handbuch, hrsg. von: Seitz, Walter, 3. Aufl., München 2000

David, Peter: Zusammenarbeit mit Inkassounternehmen, 4. Aufl., München 1996

Dietl, Helmut; Franck, Egon; Picot, Arnold: Organisation, 4. Aufl., Stuttgart 2005

Dietrich, Bernhard: Inkasso Unternehmungen, München 1986

Emmert, Thomas; Huber, Anton: Anwaltshandbuch Forderungsmanagement, Köln 2004

Hansen, Frank; Wagner, Christian: Der Rechtsanwalt – Grundlagen des Anwaltsberufs, Münster 2005

Hoene, Eberhard: Präventiver Kreditschutz und Zwangsvollstreckung durch Private, hrsg. von: Hirsch, Ernst; Rehbinder, Manfred, Berlin 1971

Jäckle, Wolfgang: Die Erstattungsfähigkeit der Kosten eines Inkassobüros, Berlin 1978

Rudolff, Thomas: Ausgewählte Rechtsfragen der Inkassounternehmen, Frankfurt am Main 1997

<u>Beiträge aus Sammelwerken</u>

Rödl, H.: Praxis und wirtschaftliche Bedeutung von Inkassounternehmen, in: Evangelische Akademie, hrsg. von: Inkasso vor Gericht, Bad Boll 1998

Kommentare:

Altenhoff, Rudolf; Busch, Hans; Chemnitz, Jürgen: Rechtsberatungsgesetz, hrsg. von: Harms, Wolfgang; Ehlers, Dirk, 10. Aufl., Münster 1993

Kleine-Cosack, Michael: Rechtsberatungsgesetz, Heidelberg 2004

Münchener Kommentar zum BGB, München 2003

Palandt Kommentar zum BGB, München 2007

Rennen, Günter; Caliebe, Gabriele: Rechtsberatungsgesetz: mit Ausführungsverordnungen und Erläuterungen, 3. Aufl., München 2001

Staudinger Kommentar zum BGB, Berlin 2004

Lexika:

Gabler Lexikon Recht in der Wirtschaft, hrsg. von: Winter, Eggert Wiesbaden 1998

Beiträge aus Zeitschriften

Buschbell, Hans: Erfahrungen speziell bei Regressforderungen in der Praxis und Statitsisches, in: Versicherungswirtschaft 2006, S.1179ff.

Finke, Alfred: Zur Erstattung von Inkassogebühren, in NJW 1973, S.1310-1311

Hauschildt, Jürgen; Stahrenberg, Cora: Zur Effektivität von Inkasso-Unternehmen, in: Betriebs-Berater 1991, S.3-7

Hoechstetter, Peter: Zulassung eines Rechtsanwalts als Inkassounternehmer, in: Rbeistand 1/2000, S.3-12

Jäckle, Wolfgang: Die Erstattungsfähigkeit der Kosten eines Inkassobüros, in: JZ 1976, S.675-680

Keller, Rolf: Die Automation des Mahnverfahrens, in: NJW 1981, S.1184-1188

Künkel, Joseph: Zur Frage der Haftung des Schuldners für Inkassokosten, in: MDR 1963, S.892-894

Lehrach, Dirk; Steffani, Alexander: Problemkredite erfolgreich behandeln, in: geldinstitute 3/2005, S.20-21

Löwisch, Manfred: Inkassokosten als Verzugsschaden, in NJW 1986, S.1725-1728

Michalski, Lutz: Unzulässigkeit der Forderungseinziehung durch konzerngebundene Inkassounternehmen, in: ZIP 1994, S.1501-1510

o.V.: BDIU-Positionspapier zu Änderungen im Gerichtsvollzieherwesen, ZVI 2/2006, S.73-89

o.V.: Erfolgreiches Inkasso, in: Creditreform 4/1994, S.18-19

o.V.: Internationaler Inkasso-Indikator, in: PASSWORD 05/2007, S.28

Rieble, Wolfgang: Außergerichtliches Inkasso im Wettbewerb zwischen Anwälten und Inkassounternehmen, in: DB1995, S.195-205

Salten, Uwe: Die Erstattungsfähigkeit und die Auswirkungen des neuen Rechtsdienstleistungsgesetzes, in: ZRP 2007, S.88-91

Seip, Theo: Reformbestrebungen im Gerichtsvollzieherwesen – Anmerkungen zum Positionspapier des Bundesverbandes Deutscher Inkassounternehmen (BDIU), in: ZVI 8/2006, S.329-334

von Stackelberg, Curt: Ist der Gläubiger berechtigt, vom Schuldner nach § 286 BGB Erstattung der Kosten eines Inkassobüros unter dem Gesichtspunkt des Verzugsschadens zu verlangen?, in: BB 1965, S. 891-895

Terschüren, Jessica: Erfolgreiches Inkasso-Management, in: RATINGaktuell 05/2005, S.10-14

Weckert, Hans-Kurt: Entscheidungshilfen für den Forderungseinzug, in: Teilzahlungswirtschaft 06/1979, S.255-256

Gesetze und Verordnungen

Umfang der Erstattung von Kosten, die durch die Inanspruchnahme eines Inkassobüros entstehen, Allgemeine Verfügung des Reichsjustizministeriums vom 24.10.1941, Teil A1, in Deutsche Justiz 1941, S.1022-1023

Aktiengesetz

BerufsO der Rechtsanwälte

Bürgerliches Gesetzbuch

Bundesrechtsanwaltsordnung

Rechtsanwaltsvergütungsgesetz

Rechtsberatungsgesetz

Strafgesetzbuch

Verordnung zur Ausführung des Rechtsberatungsgesetzes

2. Verordnung zur Ausführung des Rechtsberatungsgesetzes

3. Verordnung zur Ausführung des Rechtsberatungsgesetzes

Verwaltungsverfahrensgesetz

Gerichtsentscheidungen

BVerfG, 1 BvR 725/03 vom 14.08.2004, Absatz-Nr. 9, http://www.bverfg.de/

BVerfG NJW 1988, 545

BVerwG, NJW 1999, 440

BGH, NJW 1974, 50

BGH, NJW 1976, 1256

BGH, NJW 1977, 35

BGH, NJW 1980, 1518

BGH, NJW 1985, 1939

OLG Bamberg, NJW-RR 1994, 412

OLG Dresden, NJW-RR 1994, 1139

OLG Düsseldorf, OLGZ 1987, 494

OLG Frankfurt, NJW-RR 1990, 729

OLG Hamburg, NJW 1977, 1347

OLG Hamm, JurBüro, 1984, 534

OLG Karlsruhe, BB 1987, 1767

OLG Karlsruhe, NJW-RR 1987, 1506

OLG Köln, OLGZ 1972, 411

OLG München, NJW 1975, 832

OLG München MDR 1983, 407

LG Berlin, WM 1990, 62

LG Berlin, BB 1996, 290

LG Nürnberg-Fürth, NJW 1959, 438

AG Bad Homburg, MDR 1983, 840

AG Celle, JurBüro 1996, 648

AG Kappeln, JurBüro 1988, 1511

AG Peine, JurBüro 1996, 649

AG Solingen, JurBüro 1996, 1512

AG Würzburg, MDR 2002, 32

Sonstige Quellen

BR-Drucksache 150/07

BT-Drucksache 8/4277

BT-Drucksache 16/3655

E-Mail des AG Stuttgart, Behse, B.: Auskunft zur Plausibilitätsgrenze für Inkassokosten im Mahnverfahren, Stuttgart 08.06.2007

Informationsschrift: Die maschinelle Bearbeitung der Mahnverfahren, hrsg. von: Justizverwaltungen Baden-Württemberg; Bayern, Berlin; Brandenburg; Bremen, Hamburg; Hessen; Mecklenburg-Vorpommern; Niedersachsen; Nordrhein-Westfalen; Rheinland-Pfalz; Saarland; Sachsen-Anhalt; Schleswig-Holstein, Stuttgart 2006

Satzung des Bundesverbandes Deutscher Inkasso-Unternehmen e.V.

Satzung des Bundesverbandes Deutscher Rechtsbeistände/Rechtsdienstleister e.V.

Beiträge aus dem Internet

BDIU, online: Eine Institution mit Tradition: Der BDIU e.V., http://www.bdiu.de/, 06.04.2007

BDIU, online: Entwicklung der Mitglieder des BDIU und der Inkasso-Unternehmen in der Bundesrepublik Deutschland, http://www.bdiu.de/, 22.04.2007

BDR, online: Aufgaben und Ziele des BDR, http://www.rechtsbeistand.de/wir_uber_uns.html, 07.04.2007

BRAK, online: Entwicklung der Zahl zugelassener Rechtsanwälte von 1950 bis 2006, http://brak.de/seiten/pdf/Statistiken/GesamtzahlenRAe.pdf, 05.06.2007

Bundesjustizministerium, online: RDG – Eckpunkte, http://www.bundesjustizministerium.de/enid/6d7b8c0cddcd00b63aecb901f751cada,0/RDG/Eckpunkte_RDG_oq.html, 03.06.2007

Bundesjustizministerium, online: Rechtsdienstleistungsgesetz, http://www.bundesjustizministerium.de/enid/dd7511f74ed8456dbd5154971a2fff4a,33d0e45f7472636964092d0933303334/Rechtsdienstleistung/RDG_11p.html, 03.06.2007

Bundesjustizministerium, online: Zypries gegen private Gerichtsvollzieher, online: http://www.bundesjustizministerium.de/enid/421e6577c658766d1382692037cfe5f0,33fae1706d635f6964092d0934333938093a095f7472636964092d0933303334/Pressemitteilungen_und_Reden/Pressemitteilungen_58.html, 04.06.2007

Celler Blickpunkt, online: Moskau-Inkasso: „Illegal und uneffektiv", http://www.celler-blickpunkt.de/ausgaben/2004/august/CB_5.pdf, 06.04.2007

FENCA, online: FENCA-Members, http://www.fenca.com/members.asp, 07.03.2007

ECA, online: Mitglieder, http://www.eca.nu/index.html, 11.03.2007

Inkasso Team Moskau, online: Aktuelles + Presse, http://www.moskau-inkasso.com/inkasso_aktuelles/aktuelles.html, 06.04.2007

Lexexakt.de, online: Factoring, http://www.lexexakt.de/glossar/factoring.php, 24.03.2007

Lexexakt.de, online: Forderung, http://www.lexexakt.de/glossar/forderung.php, 24.03.2007

Statistisches Bundesamt, online: Lange Reihen - Insolvenzen, http://www.destatis.de/indicators/d/lrins01ad.htm, 05.03.2007

Verband der Vereine Creditreform e.V., online: Unser Unternehmen, http://www.creditreform.de/Ressourcen/PDF_Dokumente/Wir_ueber_uns/creditreform_basisbroschuere.pdf, 14.05.2007

Printed in Poland
by Amazon Fulfillment
Poland Sp. z o.o., Wrocław